从思维的源头出发,经历情绪、行为、习惯等环节

把各种问题交织在一起,按图索骥,为你找到成功的密码

系统的家庭教育学

张甲昌 ◎ 著

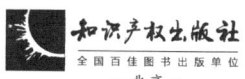

全国百佳图书出版单位
——北 京——

图书在版编目（CIP）数据

系统的家庭教育学/张甲昌著. —北京：知识产权出版社，2020.4
ISBN 978-7-5130-6800-0

Ⅰ.①系… Ⅱ.①张… Ⅲ.①家庭教育 Ⅳ.①G78

中国版本图书馆 CIP 数据核字（2020）第 035756 号

责任编辑：田　姝　郑涵语　　责任印制：刘译文
封面设计：张　冀

系统的家庭教育学
XITONG DE JIATING JIAOYUXUE

张甲昌　著

出版发行：知识产权出版社有限责任公司	网　址：http://www.ipph.cn
电　话：010-82004826	http://www.laichushu.com
社　址：北京市海淀区气象路 50 号院	邮　编：100081
责编电话：010-82000860 转 8569	责编邮箱：laichushu@cnipr.com
发行电话：010-82000860 转 8101	发行传真：010-82000893
印　刷：北京建宏印刷有限公司	经　销：各大网上书店、新华书店及相关专业书店
开　本：880mm×1230mm　1/32	印　张：5
版　次：2020 年 4 月第 1 版	印　次：2020 年 4 月第 1 次印刷
字　数：102 千字	定　价：35.00 元
ISBN 978-7-5130-6800-0	

出版权专有　侵权必究
如有印装质量问题，本社负责调换。

/ 序 /
做大道至简的家庭教育

作为一名家庭教育工作者，在读完甲昌的新著《系统的家庭教育学》后，不由自主地发出感慨：这是一部理论与实际相结合、值得一读的好书！

两年前，我在苏州讲授"家庭公约"课程时首次遇到甲昌，他在学习结束后，按照"双百方针"（做一百场公益讲座、公益辅导一百个家庭）的要求，积极投身家庭教育实践。

甲昌坚持学以致用，将"家庭公约"中的"五子登科""五句良言""日念一好"等融于实践，组织公约实验家庭，指导孩子养成好习惯，并对家庭和孩子的变化进行详细跟踪，用实际效果检验理论方法的有效性，取得了创造性的成果。

中华传统经典《大学》八条目"格物、致知、诚意、正心、修身、齐家、治国、平天下"一以贯之，最终归宿到"一是皆以修身为本"。"修身"用通俗的话讲，就是一个人的习惯养成和自我管理。家庭为每个孩子提供了成长的基础环境，这也正是家庭教育的重要性所在。"格物、致知、诚意、正心"是修身的基础，其中最核心的部分就是管控好内心思维和情绪。

甲昌在践行"家庭公约"过程中，把家庭教育简化为思维、情绪、行为、习惯四个环节，希望帮助家长更容易掌握家庭教育的科学理念和方法，也便于家长在实践中进行实操效果的检验。

如何让中国家庭教育大道至简，便于应用，这是一个时代课题，我热切地祝愿他取得更大的成就，为社会做出更大的贡献。

李鸿飞

北京市教育学会家长教育与
家庭文化研究分会秘书长
中关委（北京）教育中心总辅导师

/ 自序 /

多年前，当我的大女儿出生时，我无比兴奋、快乐，同时也夹杂着一些慌乱与不知所措。在面对一个小生命的时候，我不知道该怎样陪伴她成长。

像所有的父母遵循着"第一个孩子照书养"的规则，我也买了很多儿童教育的图书，开始没日没夜地研究，结果是学习了很多道理，却还是不会教育孩子；于是花钱聆听了很多讲座，有些讲座还相当昂贵，不过为了孩子，花再多的钱也再所不惜。虽然在听讲座的时候很激动，可回来之后呢，却很无奈，自己还是不会教育孩子。老师说，不能批评孩子，不能吵孩子，当时我记住了，但当问题出现的时候我还是忍不住，不但批评了孩子，还吵了孩子；不但吵了孩子，甚至还动手打了孩子。直到后来，听另一个专家说，可以吵孩子，必要时也可以打孩子时，我心里才好受一点。有时候也在暗暗地想，我的孩子现在之所以还不错，是不是因为当时我打了她！

我在家庭教育的大海中畅游着，还没有来得及看清它的面貌，孩子已经长大了。

我感到家庭教育太庞杂了，一会儿是现代心理学，一会儿又是传统国学；一会儿教如何做人，一会儿又谈如何做事。

就像《盲人摸象》中的四个盲人，每个人只摸到了大象的一部分。对于家庭教育的整体，我们何尝不是如此。

时隔多年，我的二女儿出生了。她的到来，给我带来了恐惧。因为我还没有弄清楚家庭教育的规律，我真的没有把握把她培养成才，我害怕由于我的原因，把她培养坏了，导致她一生的卑微。为了我那可爱的二女儿，我决心跳出"第二个孩子照猪养"的魔咒，探索出家庭教育的规律，走出一条可控制的道路，把我的孩子培养成才。

于是，我辞去了原来的工作，调到一个较为清闲的部门，开始了我的家庭教育探索之路。功夫不负有心人，这条道路在我的心中逐渐清晰。

现在就让我领你走一下这条路。我们从思维的源头出发，沿着思维中的信念，来到情绪的驿站。情绪的动力引发行为，反复的行为形成习惯，好习惯养成好性格，坏习惯养成坏性格，不同的性格铸造了不同的人生命运。在家庭教育中，抓住思维、情绪、行为、习惯这四个有逻辑关系的环节，通过刻意练习，最终达到成功的目的。

现在，我的二女儿活泼、开朗、上进、努力，在家庭教育的大道上，我指引着她奔跑。

春节前，一个小学四年级孩子的妈妈找到我。她说她的孩子很聪明，但是学习不用功，期末考试全班倒数第一，希望我能给她提一些建议。我说仅有一些建议是不够的，必须系统学习，于是她立刻开始了学习之旅。她很认真，也很刻苦，很快就学完了系统的知识。春节开学后，进入了实战练

自 序

习阶段，结果出人意料地好。一个月内，她的孩子不断受到任课老师的表扬，月考成绩更是突飞猛进。

从某种意义上讲，这套家庭教育体系也是我的一个孩子，我钟爱它不亚于爱我的女儿们，我也希望它能发扬光大。这种对孩子的期望，慢慢地转化成了我的一种使命。我要让更多的家庭受益，我要帮助更多的孩子走向成功。所以，我把这一套家庭教育体系叫作"系统的家庭教育学"。

最后，我衷心地祝愿所有的家长，都能带领自己的孩子，走上成功之路。

张甲昌

/ **目录** /

- **第一章 概论** …………………………………… 1
  - 家庭教育的目标和方向 ………………………… 1
  - 家庭教育的位置 ………………………………… 4
  - 家庭教育的起点 ………………………………… 6
  - 好家长的标准之一：爱的表达 ………………… 8
  - 好家长的标准之二：设计生活 ………………… 10
  - 家庭教育的教材——生活 ……………………… 13
  - 家庭教育的任务之一：内省能力 ……………… 15
  - 家庭教育的任务之二：人际交往能力 ………… 18
  - 家庭教育的任务之三：探索创新能力 ………… 20
  - 家庭的权力结构 ………………………………… 22

- **第二章 思维** …………………………………… 25
  - 好思维带出好孩子 ……………………………… 25
  - 无条件接纳孩子 ………………………………… 28
  - 皮格马利翁效应 ………………………………… 30
  - 应该与愿望思维 ………………………………… 33

抽象与具象思维 ················· 36
失败与机会思维 ················· 38
张力思维 ····················· 41
对照思维 ····················· 43
温柔的惩戒 ··················· 45
思维训练的方式 ················· 48

■ 第三章　情感 ··················· 52
认识情感 ····················· 52
追逐快乐与幸福 ················· 55
扭转生气与愤怒 ················· 57
自己的爱浇灌自己的根 ············· 59
关系拼图 ····················· 62
构建健康家庭关系的方法 ············ 64
做真实的妈妈 ·················· 66
情感的同频 ··················· 69
走进孩子的世界 ················· 71
带领孩子走进家长的世界 ············ 74
寻找共同的需求 ················· 77
平等协商的形式 ················· 79

■ 第四章　行为 ··················· 82
正确解读孩子的行为 ·············· 82
不听话的孩子 ·················· 84

受伤的孩子 ································· 86
佛系孩子与抑郁症 ························· 89
面对孩子的错误行为 ······················ 92
面对孩子的优秀与进步 ··················· 94
理解顽固 ···································· 98
挖掘行为背后的假设 ····················· 100
接受与小步子快跑 ························ 103
帮孩子营造一种学习的氛围 ············ 105
接纳恨与生发爱 ·························· 107
行为要规范 ······························· 110

第五章 习惯 ································· 113
从习惯到命运 ····························· 113
21天就能养成一个好习惯吗？ ········· 115
习惯中的坚持 ····························· 118
习惯中的强化 ····························· 120
习惯中的触发 ····························· 122
习惯中的父母作用 ······················· 125

第六章 实践 ································· 128
家庭教育教材之一：吃 ·················· 128
家庭教育教材之二：穿衣打扮 ········· 130
家庭教育教材之三：房间整理 ········· 133
家庭教育教材之四：运动 ··············· 135

ix

家庭教育教材之五：钱 ·················· 138
家庭教育教材之六：圈子 ················ 140
家庭教育教材之七：聊天 ················ 142

第一章

概 论

家庭教育的目标和方向

小时候,学过一则《南辕北辙》的寓言故事。一位名叫季梁的大臣,他早上去上朝的时候,在路上遇见了一个人,正驾着马车向北急驰。他对季梁说:"我想到楚国去。"季梁说:"楚国在南面,你为什么往北走呢?"他说:"我的马很强壮。"季梁说:"你的马虽然很强壮,但这不是去楚国的路啊。"那人又说:"我的路费很充足。"季梁说:"你的路费虽然很充足,但这不是去楚国的路啊。"那人又说:"我的马夫善于驾车。"哎——楚国在南面,那个人却向北走,他不知道方向错了,赶路的条件越好,不是离楚国越远了吗?

这个寓言说明一个问题,我们要做一件事,首先要知道这件事的目的地在哪里？否则就会闹"南辕北辙"的笑话。

我们做家庭教育，如果不首先搞清楚家庭教育的终点在哪里，那真是太危险了。常常听到一些父母抱怨为孩子操碎了心，可孩子并不买账，甚至为此酿成家庭悲剧。为什么会出现这样的状况呢？

究其原因是家长不知道、不清楚家庭教育的终点在哪里。在平时的教育过程中，由于方向错误，家长与孩子之间积累了太多的怨气，一旦遇到事情，孩子就会与家长发生冲突。在此过程中，家长的权威化为乌有，孩子变得非常冲动，家长情感上很容易受到伤害。亲子关系就会向更加糟糕的方向发展。

那么，家庭教育的终点在哪里呢？这个问题并不是每个家长或教育工作者都十分清楚的。我曾试着问过一个家庭教育专家，她思来想去，也说不清楚。连专家都说不清楚，更何况我们一般的家长呢？这也难怪在家庭教育中会出现那么多的问题。

我进行了大量的研究，最终找到了这个终点。家庭教育的终点：实现孩子的自我教育。即孩子自己管理自己，自己组织资源，实现自我的成长。孩子最终要离我们而去，独自面对生活与事业，良好的家庭教育要为孩子提供这样的自我教育能力。

现在，让我们用自我教育的终点来重新审视一下某些家庭教育中的问题，看看是否有"南辕北辙"的情况。我做过很多讲座，每到家长提问环节，总有家长问："我的孩子不听话、逆反,怎么办?"对于孩子的不听话、逆反,如果我们强行把它打压下去,那么同样也把孩子的自我发展打压了下去,这是不是背离了我们的初衷呢?我们不能要求孩子听话,听话的过程是没有自我的过程;你可能会说,不要求孩子听话,难道要求孩子不听话吗?不尽然。我们不要求孩子"听话",也不要求孩子"不听话",我们可以要求孩子讲道理,在孩子与家长辨析道理、平等讨论的过程中,孩子自然地完成了自我教育,实现了自我成长。这才是方向正确的家庭教育。

比如,现在小学生放学回家,要妈妈陪着写作业,用我们自我教育的方法来审视,那就大错特错了。家长可以检查学生作业的结果,但不能参与学生作业的过程。做作业是孩子自己的事情,家长有义务帮助孩子学会自己安排时间和自己独立完成作业,这才是方向正确的家庭教育。为什么你家的孩子小学成绩还不错,到中学就一落千丈呢?究其原因就在于你的孩子不会自我教育。

终点,就是目标。康德说:"没有目标而生活,恰如没有罗盘而航行。"目标是引导人生的罗盘,是指引征途的南十字星,它划破黑暗的天空,让前行的个体不再孤单,不再迷茫,它用智慧之光照耀着希望的旅程。可以说,当你的家庭教育有了目标,你就有了生生不息的动力,就有了明确奔跑的方向,就有了披荆斩棘的勇气,就有了矢志不渝的信念,你的孩子长大后一定会更容易走向成功。

家庭教育的位置

在我国提倡素质教育的初期,有一句话影响了成千上万个家庭,它就是:"不要让孩子输在起跑线上。"最初我是在幼儿园听到这句话的,后来又在小学的各种兴趣班上听到过,再后来在早教班上听到的次数更多了。我今天重新提起这句话,不是拿来批评,而是拿来重新认识的。

这句话引起了无数家长的焦虑,起跑线越来越早,竞争越来越激烈,家长也越来越激进。我曾经在网上看过一则消息《月薪三万,撑不起一个孩子的暑假》。光看这个题目,就足够让你震撼了。这3万元是怎么花的呢?毫无疑问,是报了各种辅导班、兴趣班。

在培养孩子上,家长是不遗余力的,为什么?究其原因,就是为了不让孩子输在起跑线上。前一段时间,我家附近开了一家早教机构,开始我以为是幼儿园,走近一看,才知道他们收的是三岁之前的孩子,一周辅导两次,一个月5000元。如果说网上的消息离我还很遥远的话,附近的早教机构就是实实在在的例子。在我生活的这个四线城市,一个月5000元,那绝对是一笔不菲的开销。

在"不要让孩子输在起跑线上"这句话的蛊惑下,无数的辅导机构生机勃勃,家长带着孩子,穿梭于各种辅导班之间,并乐此不疲。几年过去了,很多家长慢慢发现,随着年龄的增长,孩子的表现越来越差,离家长的期望越来越远,不仅考试分数越来越低，而且脾气也越来越大。早期"起跑线"的培养，并没有转化为后面的优秀。这是什么原因呢？

究其原因是大多数家长把"起跑线"搞错了。起跑线，不是外部的各种培训班，而是内部的家庭教育。不注重家庭教育，那才是一开始就让孩子输在起跑线上了。

孩子从呱呱坠地，成为独立个体的那一刻起，就开始接受家庭教育了。在孩子成长最关键的头三年，孩子接受的教育，绝大部分来自家庭。家庭教育相比学校教育和社会教育，是孩子最先面临的教育，同时家庭教育也是其他两种教育的基础和支撑，没有良好的家庭教育做基础，孩子很难在学校教育中有良好表现。

最近我看到一个形象化的比喻，很是贴切。有人把家庭教育比作大树的根和主干，学校教育是大树的枝，社会教育是大树的叶子，果实则是孩子们的成绩。只有根深干粗，才能枝繁叶茂，最后方可果实累累。家庭教育是一个人成长的基础，给一个人的一生提供持续的营养，并产生持续的影响。

不要让孩子输在起跑线上，就是不要让孩子输在家庭教育上。2018年高考结束后，一个卖米粉的小店老板蹿红了网络，原因是他把小店关门一周，要送考上清华大学的儿子上学去。他的儿子之所以能够成功，不是因为家庭经济条件多么好，而是因为家庭为儿子提供了持续温暖的爱。

家庭教育是孩子的起跑线，是孩子成长为参天大树的人生加油站，家庭教育为孩子的人生装备的是一套操作系统，同时也装备了各种应用软件。充分认识家庭教育的基础作用，不但有利于让孩子赢在起跑线上，更有助于让孩子获得一个比较成功的人生。

家庭教育的起点

2017年，我参加了一个公司组织的家庭教育讲座，讲师的演讲很生动，家长听得很感动，随着讲座深入，逐步达到高潮，主办方开始推销他们的家庭教育课程，每个家庭需支付2.98万元。听到这个价格我吓了一跳，心想怎么这么贵！

然而家长们望子成龙、望女成凤的心情太迫切，根本顾不上考虑价格的因素，都争先恐后地刷卡报名。我惊诧于主办方的挣钱速度，但我更想知道他们的效果如何。一年之后，我找到了几位参加学习的家长，这些家长普遍感到很无奈，觉得学习之后最多只有一个月的有效期，一个月之后，涛声依旧。更有一位家长气急败坏地说：三天，只有三天，三天之后就被打回原形。

我好奇地问：这是为什么呀？是不是你们只注重要求孩子，不注重要求自己；只注意言传不注意身教，导致效果不好呢？这些家长异口同声地说：不是。他们按照老师的要求，回家不看手机，还坐到旁边看书；家长是原件，孩子是复印件；家长改变1%，孩子改变100%；这些他们都学了，也照做了，可效果还是不好。结果是孩子没管好，却把他们家长管得严严实实的。真不知道该如何是好。

谈到这里，我想起了一种说法：

第一章 概论

做医生需要考取医师资格证，当律师需要考取律师资格证，开车需要考取驾驶证，那么，当家长也要做持证上岗的家长，做合格的家长。

道理很浅显，但合格的家长的标准是什么呢？在哪里可以取得证书呢？一说到这个具体问题，就又模糊了。

为了回答这个问题，让我们看个例子。孟子小时候，看见邻居家在杀猪，就问妈妈："邻居为什么杀猪？"妈妈随口说："杀猪给你吃肉呀！"过后，孟母觉得自己是在欺骗孩子，这样不好，于是就真的买了邻居的猪肉让孩子吃。

从这个例子中，你看到了什么？看到了家长面对孩子必须讲诚信吗？对，这是不错的，但并不是本质，如果停留在这个层面，就容易犯教条主义的错误。上面的几位家长，我估计就是太教条了，才导致效果不好。

那么这个案例的本质是什么呢？本质是孟母能够发现自己的错误，并且改正自己的错误。本质是这个过程，这个过程是一个自我教育、自我成长的过程。在孟母买肉的过程中，孟母也成长了。孟母成长了，才有了孟子的成长。

家庭教育是教育，教育就有学生和老师，这里面孩子当然是学生，家长当然是老师了。从老师的视角看家长，是要求家长与孩子一起成长。

那些花了2.98万元去学习家庭教育的家长们知道自己需要改变，但不知道变通。刚开始，孩子感觉新鲜，有效果，时间一长，孩子就又回到原来的轨道上了。这时候，家长没有随之改变，于是教育就没有了效果。家长为什么没有随之改变呢？因为家长没有成长，家长需要做的不仅仅是改变，而是真正地和孩子一起成长。家长的成长，是家长自我教育能力的提高。

能够自我教育的家长，才是合格的家长。家庭教育的起点，是家长的自我教育。教育就是从善如流，当家长能够自己教育自己时，才能对孩子的自我教育产生影响。我们过去的错误在于以为这种自我教育是单方面的，殊不知其首先应是教育者的自我教育。

当我们的家长面对孩子能够自我教育时，家长的行为一定要规范，语言一定要清洁，思想一定要纯洁，品质一定要高尚。在这样的环境里，孩子的成长就会顺利得多。

好家长的标准之一：爱的表达

之前网上疯传着一个令人震惊的消息：北京大学优秀学子、弑母潜逃 2 年的谢某某终于落网！当我听到这个消息的时候感到十分震惊，一个在北京大学读书的优秀学生为何能够做出这么惨绝人寰的事情呢？随即，刷屏的是对他弑母背后原因的分析。分析的结果，无一例外地指向了他所受的家庭教育。一个孩子是多么恨自己的母亲才会下如此毒手。他的母亲做了什么招致了自己孩子的仇恨呢？难道他的母亲像传说中的后妈那样，不爱他、虐待他，才招致孩子的仇恨吗？

事实正相反，他的母亲是那样地爱他，为了孩子，母亲几乎付出了所有。母亲的错误在于，她把对孩子深沉的爱，长期以一种错误的方式表达出来,让孩子感觉到的不是爱而是压力与痛苦。终于有一天,孩子稚嫩的心灵承受不住巨大的压力,做出了匪夷所思的事情。从家庭教育的角度来看,说得残忍一点,他的母亲是自己杀死了自己。

作为一个母亲,作为一个家长,没有不爱自己孩子的,但是如何把爱正确地表达出来,正确地传递出去,在孩子的身上产生爱的涟漪,却不是每一个家长都清楚的。

爱的正确表达关系着孩子的未来,关系着家庭的和谐,它是如此重要,以至于无数哲人对它进行研究,其中研究最为深入和实用的是20世纪美国心理学家哈洛。

哈洛通过"恒河猴实验"得出了母爱的正确表达方式是抚摸、玩耍和运动。母爱的本质是肢体接触,这种接触对孩子的身心成长、亲子关系意义重大。哈洛的研究曾经轰动一时,开创了西方育儿新时代,它深刻影响了西方乃至世界家庭教育的走向。

通过哈洛的研究,我知道了拥抱对于孩子来说是多么重要。每天下班回到家,我做的第一件事,就是抱一抱我的女儿。在这个短暂的拥抱当中,女儿体会到了爸爸对她发自内心的爱。

通过哈洛的研究,我为一句话找到了最好的注解,那就是:"家长是孩子最好的玩具。"有一段时间,无论我多忙,我每天都要为女儿安排几分钟的打闹游戏,时至今日,女儿还时不时让我陪她再玩一会儿。

通过哈洛的研究,我知道了要带女儿去爬山、去游泳、去跑步，因为美好的精神存在于健康的身体当中。

有一天晚上，我带着女儿去公园散步。途中，碰到一对母子，他们可能走的时间长了，孩子撒娇地对妈妈说："妈妈，我累了，你抱抱我吧。"妈妈温柔地说："孩子，你长大了，妈妈抱不动了，你累了，咱们就慢点走好吗？"孩子也很懂事，没再坚持让妈妈抱，坚强地向前走去。

这时候，我的女儿也在旁边，听到了他们母子的对话后，她好像是故意的，转过身对我说："爸爸，我累了，你抱抱我吧！"我马上蹲下身子，把女儿抱到怀里，我的脸紧贴着她的脸，嘴对着她的耳朵也说了同样的话："孩子，你长大了，爸爸抱不动了，你累了，咱们慢慢走好吗？"女儿听后，高兴地说："好吧，咱们走吧。"

我和那个妈妈都没有抱孩子，但我相信，我的孩子内心更强大，因为我表达爱的方式更正确。

人类因为有了亲子之爱才得以生存，没有什么比亲子之爱更强烈、更圣洁、更无私。

荡漾在家庭当中的父母之爱，是无言的，它深植于我们的行动当中。让我们用抚摸、玩耍和运动来正确地传递这份爱吧。

好家长的标准之二：设计生活

周日晚上，几个朋友在一起小聚，好友相聚，难免需要几杯小酒来助兴，但是其中一位数学老师以各种理由相拒。

问其原因，他说第二天上午要给学生上课，目前还没有备好课，一会儿还要提前走。我很诧异，问他："你是从教二十年的老教师，还需要刻意备课吗？难道数学知识变得不一样了吗？"他笑了笑说：知识没有变，但学生变了，社会变了。每年的学生不一样，社会环境也不一样，他需要寻找和时代结合紧密的且能与他的教学相关的新的事例、成果穿插到课堂上，这样学生才能听得有意思，才能容易理解，总不能用二十年前的例子来敷衍学生吧。

他的话，让我想起了我中学时的一位物理老师，他讲课风趣幽默，上他的课，从头笑到尾，那时学习物理，真是一种莫大的享受。

孩子们走进学校，在学校接受教育，教育学生的每一位老师，都会认真备课。

孩子们放学后，回到家庭，在家庭接受教育，教育孩子的每一位家长，你们是家庭教育中的老师，你们会像学校教育中的那些老师一样备课吗？家庭教育还真的需要备课！既然是教育，就需要备课，而且我们认为，家庭教育是基础，它为学校教育提供支撑，面对孩子，面对这么重要的教育，我们怎么能不备课呢！

回想一下，你对孩子进行家庭教育的过程，它是不是随性、随心、随意地进行呢？用这样随波逐流的教育方式，我们怎么能保证培养出优秀的孩子呢？

每天孩子从踏进家门的那一刻开始，就走进了家庭课堂，就开始了家庭教育。作为家庭教育中的老师——家长，真的很有必要为每天的家庭课堂认真备课。像之前提到的那位数学老师和物理老师一样，他们把枯燥的知识变成有趣易懂的内容。

　　面对不断成长的孩子，家长需要在平淡的生活中加入有趣的元素和生动的活动，这样的效果才会更好。也许家庭教育不需要那么形式刻板的备课记录，但确实需要家长提前设计生活，让生活在其中的孩子感到简单容易而且有趣。

　　有一次我去参观一个午托机构，午托班的负责人是一个老婆婆，她指着墙上的食谱骄傲地对我说："你看，我们饭菜一个月内天天不重样，而且每个月根据季节变化还有新花样。"

　　追求上进的家长们，对照一下你们的一日三餐，能否也像那个午托班一样，把伙食做得丰富多彩，并且让孩子参与其中、乐在其中呢？

　　我们再来试想一个场景，期中考试结束，你在家等待孩子放学回家给你汇报成绩，对于即将到来的成绩，你准备如何应对了吗？你可能会说：这个简单，考得好就表扬，考得不好就批评。这个原则虽然不错，但具体的过程与细节还是需要认真准备，应该用什么样的方式来表扬或批评，才能让这个过程变得有趣，让孩子乐于接受？用什么样的方式来表扬或批评，才能让孩子以自己的方式更加容易理解胜不骄败不馁、失败是成功之母这些深刻的道理呢？

　　家庭教育，是做人的教育，它既要求教育者把做人的道理简单地呈现给孩子，也需要教育者把生活有趣化，让孩子快乐地成长。简单与有趣的过程，不是一个轻而易举的过程，它需要家长首先去刻意学习，然后再刻意设计，用设计过的生活来教育孩子。

只有把生活设计得有趣简单的家长，才是合格的好家长。

家庭教育的教材——生活

这几年，家庭教育越来越热，到处可见焦虑的家长领着孩子穿梭于各种辅导班之间。为了满足家长的需求，各个辅导班，无一例外地开设了家庭教育讲座。

我对这些遍地开花的家庭教育辅导班做了一个冷分析，发现它们其实是学校教育的延伸，并不是真正的家庭教育。为什么这样说呢？看看这些广告词就知道了：

"孩子放学回家，一定要先看电视再写作业，怎么办？"

"孩子的课堂作业在学校没写完，还得拿回家写，怎么办？"

"孩子没有学习兴趣怎么办？"

很多类似的广告词都是与学习相关的。我们说家庭教育是根，学校教育是枝和叶。但这样的家庭教育是围绕着学校教育展开的，是学校教育的附庸，而不是学校教育的根基，它无法为学校教育提供营养。如果家庭教育把目光紧盯在孩子的成绩和作业上，头疼医头，脚疼医脚，不解决成长中的根本问题，长期下去效果肯定不佳。

家庭教育重点教孩子学做人，培养他的态度和习惯；学校教育教给孩子更多的是各种知识与技能，只有两者相互配合、相互协调，才能培养出优秀的孩子。

学校教育的过程中，每科都有自己的教材，老师拿到教材，就拿到了教育孩子的内容方法与步骤；家庭教育中，作为老师的家长，要用什么样的教材来教育孩子呢？家庭教育的内容方法与步骤又是什么呢？无论家庭教育多么火爆，我们不得不承认，很多家长都很迷惑，不知道用什么教材来教育孩子。家长有这种迷惑，不能怨家长，因为在教育界，就没有一套系统的理论提供给家长，让他们学习实践。

关于家庭教育教材的问题，我们采用著名教育家陶行知的理论，他说：生活即教育。家庭教育的教材不是有形的课本，而是无形的生活。生活是什么？生活是吃饭、睡觉、穿衣、坐车，是与家人、亲戚、朋友的相处，有时也是我们自己一个人的独处。

真正的家庭教育是在生活的点点滴滴中养成一个人的品质，培养生活的态度与习惯，这种在生活中养成的态度与习惯，成为一个人的底色，在学习时会自动迁移到学习中来。

如果孩子能认真对待生活，那么在学习中，他也一定会认真对待学习。如果一个孩子每天早晨能按时起床，认真穿好衣服，认真把被子叠好，刷牙后把牙刷牙杯放好，再认真地把水池刷一遍，他就是一个认真的孩子；在学校学习时，他也一定会认真地对待学习过程中的每一个环节。

如果一个孩子每天早上妈妈不叫不起床，好不容易叫醒了，一看表，快迟到了，被子也不叠，衣服胡乱一穿，边走边扣扣子，他就不是一个认真的孩子。像这样随性的孩子，在学校学习时，他可以做到上课认真听讲、下课认真写作业吗？估计相当困难，只有在生活中认真的孩子，学习中才能认真。

很多家长苦口婆心地对孩子说："你只要好好学习，家里什么事儿都不用你操心。"妈妈是做到了，什么事儿都不用孩子做，那真是饭来张口，衣来伸手。但是孩子并没有如妈妈所愿好好学习，相反，学习越来越差。

这是为什么呢？原因是家里什么都不用孩子做，孩子也什么都不做，那家庭教育就无法落实。没有家庭教育这个基础，学校教育就成了无源之水、无根之木。孩子没有在生活中养成良好的生活态度和习惯，也很难在学习上形成良好的学习态度和习惯。没有良好的态度与习惯的根，孩子的学习自然就会越来越差。

生活，是家庭教育中独特的教材，家长对此要十分清楚，家庭教育贯穿于生活的琐碎当中，家长应当教孩子各种家务，教孩子与家人相处；在与学校教育配合的过程中，千万不能依附于学校教育，种了别人的地，荒了自己的田，那样就得不偿失了。

家庭教育的任务之一：内省能力

上个话题我们讲到生活即教育，家庭教育运用的教材是生活。但有一些家长对此产生了疑惑。日常生活规范虽然很重要，但是，这些都是在孩子很小的时候，教给他们的内容，孩子们早就会了，现在都上小学、中学了，还用得着一直学一直练习吗？

这是一个问题，它让我想到了中国武术。中国武术有个特点，就是简单的事情天天做。那些武功高强的人每天都在练武，他们天天练、月月练、年年练，冬练三九、夏练三伏，终于练就一身过硬的本事。但我们细看一下，他们天天练的是什么，他们天天练的正是那不变的基本功，就是那几个简单的动作，压腿、蹲马步、冲拳等。练的时间长了，功夫就出来了。

家庭教育也是一样。以生活为教材，天天学天天练，年年学年年练，时间长了，也会有所成就的。在众多的功夫之中，有一个最为重要的就是自我反省的能力。

这种功夫，它不会主动出现，而是家长利用生活这个教材，有意识培养训练的结果，这个有意识的培养训练就是家庭教育。在这看似平淡无奇的生活当中，家长每天引导孩子回顾总结生活的点点滴滴，对生活的回顾总结，天天练、年年练，就能培养出孩子成长所需要的最为重要的能力——自我反省的能力。

一个孩子有了自我反省的能力，就有了自我纠偏的能力，就能够保持持续的成长。这就如开车，司机不断地调整方向盘，才能保持汽车始终向着目的地方向前进。

以生活为教材的家庭教育，有一个总结回顾的环节，这个环节使生活每天都有新的内涵，使孩子们天天都在成长。

曾子曾经说过:"吾日三省吾身:为人谋而不忠乎?与朋友交而不信乎?传不习乎?"今天我们不一定要求孩子学习他反省的三个方面,但反省的能力是必须要求孩子学习的。

当一个孩子在生活中掌握了自我反省的能力,他上学后,这种能力会自动迁移到学习当中去。

每天到家,他会思考课堂上的知识是否掌握,如果没有,是哪里出现了问题,应当如何解决问题?通过自我反省,孩子能主动找到问题及解决问题的方案。第二天,再去上学的时候,他将成为一个崭新的自我。

考试结束后,具有自我反省能力的孩子绝不会把试卷一扔就草草了事。他在拿到试卷后,会认真分析自己的得失,对于失分的错题,他会及时地掌握不会的知识,以免下次再犯同样的错误。

具备自我反省能力的孩子与人发生矛盾时,他都会通过反省,找到化解矛盾的方法,在生活中形成更好的人际关系,从而获得更多更好的资源。有了更多更好的资源,孩子的成长就会不断出现跃变。

上文提到家庭教育的终点或者终极目标是对孩子的自我教育。自我教育的核心,是培养自我反省的能力。只有具备了自我反省能力,才能发现问题,找到问题,解决问题,实现自我教育。

自我反省能力,是自我教育、自我管理、独立发展的核心能力,是家庭教育的首要任务。它蕴含在每天看似平淡无奇的日常生活中,它是最大的成功因子,家庭教育就是要把内省这个最大的成功因子根植到孩子的心中。

家庭教育的任务之二：人际交往能力

美国有一位著名的成人教育家、成功学大师，他叫卡耐基，几乎所有的语系都有他的著作译本。接受过他教育的人有明星巨商、各界领袖，也有军政要人，甚至还有几位总统，人数多达几千万，他影响了几代人。这样一位教育学大师说过一句影响世界的话："一个人的成功，80%靠的是人际关系，20%靠的是专业技术。"

人际关系对人的成功如此重要，那么在哪里可以学习这些人际交往的技巧呢？在学校里能学到吗？好像不能。我们在学校里学习各科专业知识和技能，但没有专门的人际关系课程。

近年来，对于成功，有个概念很流行，那就是情商。说一个人的成功，不是靠智商，靠的是情商。

从情商的角度来看学校教育，学校教育更多的是培养智商，情商训练几乎没有。

其实情商的内涵和人际交往差不多，主要是指一个人能够很好地处理各种关系。

情商也好，人际交往也罢，这个助人成功的要素却在我们的学校教育中缺失。那我们该从哪里学习呢？事实上，这种能力可以通过家庭教育获得。

孩子从一出生，即坠入一个家庭之中，在这个家庭中，

第一章　概论

孩子与父亲、母亲以及兄弟姐妹相处过程中，学习与固化着人际交往的技巧与方法。孩子会在家庭中受到人际关系的熏陶和影响，在潜移默化中形成孩子最初的人际交往能力或者说情商。在进入小学之后，孩子与所有人的关系交往，都运用着在家庭里学到的处理关系的方法与技巧。

在我国很早就流传着"三岁看大，七岁看老"的说法。以前我不太理解，为什么能从一个人小时候的表现，就看到他未来几十年的表现呢？现在知道了，孩子在七岁之前，就形成了自己进行人际交往的方式方法。而这，也就决定了他80%的人生。

著名心理学家弗洛伊德认为，小孩子在家庭中与家庭成员是合作与竞争，在合作与竞争中形成原生家庭的关系模式，而原生家庭的关系模式决定着孩子未来在现实中的关系模式。

人际交往能力主要是在家庭中学习和形成的，这是由孩子成长的顺序决定的。在孩子出生后的六年中，孩子主要以家庭为交往对象，在其中学习人际交往的技能。

随着孩子的长大，当孩子有了自己的圈子时，他们就不自觉地运用在家庭里学到的关系模式来处理自己的问题。

从人际关系的角度来看家庭教育，无论怎么强调它都不为过。面对孩子，面对教育，家长需要重新审视自己的关系处理方式，重新学习优秀的关系处理方式，重新优化自己的关系处理方式，避免在不经意间把我们不好的关系处理方式传递给孩子，影响孩子的一生。

夫妻关系、婆媳关系，这些重要的家庭关系，是孩子学习人际交往的重要教材，它是家长的现实关系，也是孩子的未来关系。我们做家长的，要做好家庭教育，就是要做好自己，经营好家庭，用实际行动来教育孩子，让孩子在和谐的家庭中自然地接受教育，而不是语言的说教。

家庭教育的任务之三：探索创新能力

2019 年，最吸引我们眼球的事件之一是美国对中国华为公司的制裁，它揭开了中美贸易战的序幕。

5 月 21 日，任正非在华为总部接受了媒体专访，他表示：中国将来要和美国竞赛，唯有提高教育。

作为一个企业家，任正非把"提高教育"看作未来在竞争中取胜的重要途径。这多少让人感到意外，但仔细一想，却十分在理。任正非的这次访谈，引发了人们对中美教育的比较与反思。

从专家到百姓，大家普遍认为，中国的教育是围绕高考进行的应试教育，它与美国的差距主要在于缺乏探索创新性。那么是什么原因导致中美两国教育的差距呢？表面上是学校的应试教育，背后的深层原因是中国传统的家庭文化。

中国传统的家庭文化是什么？它的核心之一是家庭中的孝文化。就是在今天，也没有人敢说把"孝"文化从家庭中剔除出去。孝文化的核心是顺，孝顺孝顺，就是要求孩子顺从家长。

过分顺从的文化压制了探索创新的思想,这种顺从的意识,在孩子一出生时就在潜移默化地影响着他们,并逐渐地固化到了孩子的潜意识中去。"顺从"的潜意识一旦形成,便在无形中指引着孩子的人生,同时塑造着我们中华民族的性格。它影响着个人的前途,也影响着国家的未来。

从个体的角度看,家庭教育中的"孝顺"文化,在孩子成长的最初几年,压制了孩子探索创新能力的发展。

从宏观角度看,孝顺的中国家庭教育,惯性地延伸到了学校当中,压制了中国学校教育的探索创新教育。

要想在未来的竞争中立于不败之地,无论从个人还是从国家层面,都要改造我们的家庭教育,改造我们的文化。把家庭教育中的孝顺文化改造成孝敬文化,把孝的内涵从"顺从"改造成"尊敬"。

在发展日益加快的今天,家庭教育承担着一个重要的任务,就是培养孩子的探索创新能力。但从孩子自身成长的角度来看,这种能力是天生的,它不需要培养,但需要保护。好奇是人类天生的本能。在好奇心的驱使下,每个孩子都是一个"十万个为什么",他对这个世界充满了好奇,凡事都要问个为什么,时刻表现着探索与创新欲望。

随着孩子慢慢长大,孩子变得循规蹈矩,孩子不再主动提出问题。我们经常听见家长吵孩子:"你不会,为什么不问呢?"

这个问题问得好,孩子为什么不会问了呢?根本原因是在孩子最开始问的时候,家长的反馈打击了孩子的热情,压制了孩子的成长，慢慢地，孩子就不问了。

　　一个民族缺乏创新性，归根结底是由家庭教育造成的。正如德国著名教育学家福禄贝尔所说："国民的命运，与其说是掌握在当权者手中，倒不如说是掌握在母亲手中。"在今天的家庭中，家长如果想带领孩子、家庭或家族有所作为，需要深刻认识自己的任务，保护、引导、培养好孩子的探索创新能力。

　　推动摇篮的手，就是推动世界的手。家庭教育的基础性，在探索创新能力上表现得尤为突出，它为学校教育提供了支撑。

　　创新能力是一个人的成长力、竞争力。孩子天生好奇，天生爱学习，家庭教育要注意保护与激发这种能力，让孩子在未来的社会竞争中游刃有余。

家庭的权力结构

　　凯利上四年级了，一天放学回到家，在楼下遇见几个小朋友在玩，她想先去玩一会儿，再上楼写作业。于是她给妈妈说她想先去玩一会儿再写作业。妈妈严厉地拒绝了，坚决要求她先写作业，然后再出去玩。这时爸爸在旁边打圆场：孩子辛苦一天了，先玩一会儿，休息休息再写作业也不迟，让孩子去吧。妈妈一听就不乐意了，她不再针对孩子，而是和爸爸吵了起来。

　　凯利这时候有点不知所措，她不知道现在是该下楼玩呢，

第一章 概论

还是回到房间学习。

由于经历、价值观和知识水平不同，夫妻对孩子成长的理解也有所差别，这样会产生教育方法和教育观念的分歧。因而，在许多家庭，夫妻之间会因孩子的教育问题产生矛盾，而这种现象也十分普遍。值得指出的是，夫妻之间的这种分歧和冲突往往是导致家庭教育失败的主要原因。

父母矛盾可以造成孩子的双重人格，使父母的威信降低，使孩子不明是非，影响孩子的心理健康。

父母在教育孩子时保持一致性非常重要，很多专家建议，夫妻双方要先取得一致意见再去教育孩子。这个建议听起来容易，但是在实施过程中我们发现，在很多问题上，双方根本无法达成一致。结果就是由强势的一方牵引着另一方，按照自己的意见去面对孩子。弱势的一方，表面上同意，实则内心不服。他不得不在孩子面前假装赞同一个他不同意的观点。这种状态，多半会被孩子感觉到："家长在说谎。"

表面上双方达成了一致的意见，但却给孩子树立了一个说谎的榜样，这真是得不偿失。

那到底该如何是好呢？

让我们从另外一个角度来看一下这个问题。任何一个单位，都有一个最高领导者，任何问题，最终都必须由他来决定。

如果一个单位没有一把手，或者有几个第一领导人，这个单位是不是必然会陷入混乱呢？

现在让我们从组织和单位的视角再来看一下家庭。家庭这个单位，在传统社会里是有一把手的，封建家长是家庭中的最高权力者，那时的家庭井然有序、男尊女卑，妈妈要听爸爸的，爸爸要听爷爷的，一点都不会乱。

后来，随着社会的发展，封建社会被推翻了，取而代之的是民主政治，民主政治国家也有最高领导人，但它是采用议会作为最高的权力机关，遇到问题，通过开会讨论，以一定的方式形成法律法规，以约束所有的人，从而避免了国家出现混乱。

反观家庭，当家庭中的封建家长制被推翻之后，是否可以在家庭中也引入会议制度，把家庭会议当作家庭的最高权力机构呢？答案是肯定的，把家庭会议当成家庭的最高权力机构，家庭的混乱状态就可以结束了。在家庭会议中，所有家庭成员都平等地参与讨论，不用再假装自己的观点。最后以一定的方式产生了家庭的各项规定，每个家庭成员都要遵守。

通过家庭会议、制定家规的方式，可以解决家庭中出现的任何分歧，如写作业、看手机、家务劳动等，矛盾通通一扫而光。

在民主社会的大背景下，家庭的权力结构也要和这个时代相适应，必须在家庭中有一套行得通的现代家规，通过家庭会议的形式达到有效沟通，达成家庭成员意见的统一，找到家人认同的家庭目标。

第二章

思　维

好思维带出好孩子

在中国，很多家长的心里都住着一个"别人家的孩子"。

"你看看隔壁家的孩子学习多自觉啊，你再看看你……"

"我同事的女儿今年考上重点大学了，你怎么就没人家这么争气呢……"

这些话熟悉吧。许多小孩子小时候都经历过自己被爸妈拿来和别人家的孩子做对比。

家长的本意是想通过比较激发孩子学习的斗志，哪知倒让孩子越来越觉得自己不如他人，对自己失去了信心。

在与"别人家的孩子"相比较的环境下长大的孩子，普遍会有以下性格缺陷：

（1）内心脆弱敏感，没有安全感；

（2）习惯性自卑，认为自己一无是处；

（3）感受不到被爱，成年后会想尽办法和家庭疏远；

（4）隐藏自己的真实情绪和性格；

（5）过度在意别人的看法；

（6）抗打击能力弱，面对挫折时，容易产生宿命感和无力感，而不会去抗争。

"别人家的孩子"，这个"看似平常的教育方式"，对孩子的伤害远比想象的要严重，它会伴随孩子的一生。

有谁能想到，孩子的种种不优秀原来缘于家长的一个微不足道的比较思维呢。从孩子成长的角度来看，家长的思维才真正是源头活水。

家长的思维决定了家庭的教育方式，影响着孩子的前途。一个人在原生家庭中得到最重要的继承和熏陶的就是思维方式。好思维可以培育出成功的孩子，不良思维可能会造就出问题孩子。好的思维可以带来良好的情绪体验，并且可以引发积极的行动。不良的思维可能带来不好的情绪体验，并且在行动上是消极退缩的。

古希腊哲学家爱比克泰德有句名言："人不是被事件本身困扰，而是被他们关于事物的意见困扰。"这里的意见，就是我们的思维。每遇到一件事，你就会有一个想法。这些想法看起来杂乱无章，但如果把它们整理一下，还是有规律的。

有些人想得乐观些，有些人想得悲观些。

第二章 思维

有些人习惯从外部找原因，有些人习惯从自身找原因。

有些人习惯想问题是什么，有些人则习惯想办法是什么。

你也许听过半杯水的故事。同样是半杯水，有些人看到失去了半杯水，所以很焦虑；另一些人看到还拥有半杯水，所以很开心。

面对家庭，有的人想凑合着过吧；有的人则想，要积极地经营。

面对家庭教育，有的人想不能让孩子吃苦，有的人则正好相反，要让孩子有吃苦的体验，用吃苦来促进他心灵的成长。

面对孩子，有的人总想着批评孩子，有的人则总想着表扬孩子。

面对孩子的学习，有的人给孩子报了数不清的补习班，有的人则在想方设法不断地激发孩子的学习兴趣。

面对同一件事情，思维的反应是如此不同，差距如此之大，大到正好相反。那些积极的思维，成为我们认为的好思维，那些消极的思维，成为我们认为的不良思维。

近几年，家庭教育中流行着一句话：家长改变1%，孩子改变100%。家长需要改变的1%在哪里呢？应该在思维领域，如果把人比作一台复杂的机器，思维就是这台机器的底层操作系统。家长在思维底层改变1%，就会带来行为表层上的巨大改变，家长的行为变化，转化成身教，深刻而持久地影响着孩子，最终带来孩子100%的改变。

家长的思维变好1%，孩子未来就变好100%；家长的思维变坏 1%，孩子的未来也会变坏 100%。思维的好坏很重要，它决定了我们该如何面对挫折和失败，决定了我们该如何去追求成功和幸福，以及在这个过程中，我们会如何评价我们自己。面对孩子的未来，家长必须把自己的不良思维剔除出去，把好思维拉进来，种下去，生根发芽，开花结果。

最终让好思维自动、自发地带出成功的孩子。

无条件接纳孩子

学校很快就要放暑假了，学生们都在忙着复习功课，准备期末考试。凯利的妈妈对她说，"这次考试，如果都能考到 90 分以上，暑假带你去西藏旅游。"无独有偶，晚上我到弟弟家，正好赶上弟弟在教育侄女儿，听到了大致相同的话。弟弟对孩子说，"你要是这次考试进入年级前 100 名，暑假带你去海南玩。"

我在旁边听完，就顺便回了一句话：要是考不到前 100 名，还去不去海南玩了呢？弟弟回答得干脆利索，那当然就不去了。这时，我猜想凯利的命运，如果她考不到 90 分以上，估计也去不成西藏了。

现在很多家长都会在考试前给孩子约定奖励，直接奖励钱的也大有人在，以此激发孩子学习的热情。

这种做法有什么不妥吗？是的，很不妥。这种做法可以称做"有条件接纳"，只有孩子达到家长某个期望的条件后，才能获得自己想要的东西。说得直白一点，就是一种赤裸裸的交换。在这个交换的过程中,孩子很难体会到父母的爱,因为它更像一场交易。

家庭中如果家长和孩子之间构建出这样一种交易关系,那么在孩子的内心就无法形成足够的安全感,没有安全感做基础,孩子也很难发展出自主性,自觉学习的动力根本无法加强。所以,用上述办法激励孩子学习的最终效果都不会有成效。

那么用什么样的方法才好呢?答案是把"有条件接纳"变为"无条件接纳",效果会更好。

家长安排孩子参加他们喜欢的旅游活动,不与孩子的考试成绩挂钩,无论孩子考试成绩好还是差,都不影响他们的旅游。把旅游当作父母表达爱的方式,而不是对孩子好成绩的回馈。小说《三体》中有一句名言:"我消灭你,与你无关。"把它稍微修改一下,可以用来表达父母对子女的爱,那就是:"我爱你,与你无关。"不论孩子的表现如何,爸爸妈妈对他的爱都是没有条件的。这就是无条件接纳。

在无条件接纳的环境中,孩子内心会真切地体会到父母那排山倒海般的爱,在这种无私的爱的滋养下,孩子的内心会成长得非常强大,孩子的外在表现也会越来越好,学习成绩自然也会得到提高。

爱迪生是一个伟大的发明家,但是在他上小学的时候,老师认为他的脑子太笨了,因为他的考试成绩差得一塌糊涂。老师和校长对爱迪生选择了放弃,但是爱迪生的母亲没有放弃他,而是无条件地接纳了他。爱迪生退学了,母亲当起了儿子的家庭教师，最终爱迪生成功了。他的成功首先应是他母亲的成功，爱迪生的伟大正是因为母亲的伟大。

我们都听说过我国著名教育学家陶行之的"四颗糖的故事"。面对捣蛋的学生，一般的做法肯定是老师批评一顿，但是，作为校长的陶行之选择的是接纳，他用四颗糖让学生感动得哭了，也认识到了自己的错误。这就是无条件接纳的力量。

接纳孩子作为人的不完美，接纳孩子的喜怒无常，接纳孩子的挫折与纷争，接纳孩子的轻蔑与怨恨。

无条件接纳看似柔弱，实则有着无穷的力量。它是神圣的爱，浇注着孩子的心灵，它让爱的种子，茁壮成长，面对挫折，百折不挠。

无条件接纳是一种思维方式，更是一种哲学智慧。它不是一时的灵感，它是千百年来无数智者智慧的结晶。让我们用这种智慧装备自己，影响孩子，创造未来。

皮格马利翁效应

我女儿正在上幼儿园小班，幼儿园组织报兴趣班，我给她报了一个舞蹈班。过了一段时间，有一天，女儿突然对我说："爸爸，我不想上幼儿园了。"我心里一惊，赶紧问她："为什么呀？"女儿说："我怎么也学不会跳舞，所以不想上了。"幼儿园里的兴趣班是混班上的，小中大班的孩子在一起上，我女儿刚进去，她还小，当然跟不上中班和大班的孩

第二章 思维

子了。

听到女儿的话后,我想,和大孩子一块儿学习,这样的环境,会不会打击孩子的自信心。幼儿园也不会为几个小班的孩子专门开一个班,所以上了不如不上。于是,我对女儿说:"你还小,当然学不会了。要不然,咱们不上舞蹈班了,好吗?"女儿听了,非常开心,高高兴兴地去上幼儿园了。

女儿走后,我又觉得停上舞蹈班有些不妥,这不是给了孩子一个"她学不好舞蹈"的心理暗示吗?我忽然想起了心理学上的期待效应。

哈佛大学的心理学家来到了一所小学,对小学生们做了智力测验,做完测验之后,心理学家把小朋友们分成两组,然后告诉老师:

A组的小朋友很有潜力,他们的智商会在未来的一年里有很大的进步。

B组的小朋友没有什么潜力,在未来的一年里他们的智力不会有太大的提升。

说完之后,心理学家便离开了这所小学。

在这个实验中,心理学家虽然测试了小朋友的智商,但是他给老师的名单是完全随机的,A组小朋友和B组小朋友无论在智商还是在发展潜力上都没有任何区别。

一年之后,心理学家重新回到了这所小学,神奇的事情发生了。A组的小朋友在过去的一年里变得特别聪明,智商得到了显著提升;而B组的小朋友却没有多大的起色,智力也毫无变化。

心理学家当初的一个随机预言，最终竟然真的实现了。它显得那样神奇，于是人们给它起了一个带有神秘色彩的名字：皮格马利翁效应。这个名字源于一个传说。

传说塞浦路斯的国王皮格马利翁是一位有名的雕塑家。他精心地用象牙雕塑了一位美丽可爱的少女，并深深地爱上了她。于是皮格马利翁每天都恳求神把这个雕像变成一个现实生活里的真人。终于有一天，神被他的诚心所感动，让这个雕像变成了真人。

心理学家用皮格马利翁的神话传说来描述这个现象，就是说：当我们暗示某件事情会发生的时候，这件事情可能就会真的发生。

我不想让女儿接受她不会跳舞的心理暗示，因为这可能会导致她就真的不会跳舞了，我需要给她一个积极的暗示。于是，第二天晚上，我在家里又跟女儿谈起舞蹈兴趣班的事。我说："你还小，当然不会跳舞了。但是，你慢慢学，就能学会。"

女儿听了之后，好像发现新大陆似的，惊奇地对我说："慢慢学，就能学会？"我说："是的，慢慢学就能学会。"

之后，女儿不再说不上幼儿园的事了。又过了几天，她也能跳几个简单的动作了。这几个简单的动作，对她来说意义重大，让她知道她也能学会跳舞。

当家长对孩子有了一种暗示之后，孩子就会接收到这种暗示，并对它深信不疑。这种暗示会自动地指引孩子的行为，来验证这个暗示。给孩子一个积极的暗示是父母给孩子最大、最好的礼物。

特别对于那些不得不与贫穷或社会地位低下而进行抗争的孩子来说，父母强有力的暗示尤为重要。在缺少其他优势的情况下，比如无法进入好学校，或者没有良师益友，如果再没有父母的支持与引领，孩子的成功将难上加难。

父母的支持与引领，首先指的是对孩子积极的暗示，也就是这种皮格马利翁效应。

应该与愿望思维

小时候，大家都学过一则"郑人买履"的寓言故事。从前有一个郑国人，想买一双新鞋子，于是先量了量自己脚的尺码，顺手把尺码放在自己的座位上。去集市的时候，走得匆忙，忘了带上尺码。到了集市，等他挑好了鞋子，才发现自己忘了带尺码。这时候，他就赶紧返回家中拿尺码。可等到他再回集市的时候，集市已经散了，他最终没有买到鞋子。

有人问他："你为什么不用自己的脚去试试鞋子呢？"

他回答说："我只相信尺码，不相信我的脚。"

每次看到这个故事的时候，人们都会笑话这个郑人，让鞋去适应尺码，而不是让鞋去适应脚，并且总是以为自己不会像那个郑国人一样愚昧。其实我们的头脑里也经常会有类似的"尺码"，我们都会被一个外在的"尺码"所束缚，而不是从实际出发。比如：

小时候，我们觉得自己应该有更懂我们、更爱我们的父母,而不去接受现实中有缺陷的父母。

读书的时候,总觉得自己应该去更好的学校,有更好的成绩,而不去接受现实中不理想的学校和成绩。

工作了,我们应该进更好的公司,赚更多的钱,而不愿接受效益一般的公司和少得可怜的工资。

为人父母了,我们觉得子女应该更听我们的话,而不愿接受一个不听话的孩子。

如果现实不按我们头脑中的这些"尺码"来运行,我们恨不得把现实改造一番。这就是我们今天要批判的应该思维。

应该思维的本质,就是不去认识真实的世界,而是试图让真实的世界臣服于我们头脑中已有的规则,并在世界不符合我们头脑中的规则时,表现出怨恨、愤怒或焦虑。

不知你是否发现,几乎所有的消极情绪背后都有应该思维的影子。

我曾经遇到过这样一位妈妈,她总是嫌儿子拖拉、不懂事、不听话。

当妈妈把自己的孩子设想成聪明、听话、懂事、乖巧的时候,一旦发现孩子在现实中不是这样,她们就会很生气,就想把孩子矫正过来。如果方法不得当,亲子关系就会越闹越僵。

妈妈苦恼的背后,就有孩子应该怎么样的应该思维。妈妈们越是放不下这种应该思维,就越处理不好现实问题。

妈妈们经常会反驳说,"难道我不应该让孩子变得更好吗?"我说应该,如果用愿望思维来实现这个结果,效果才会更好。

愿望思维与应该思维有一个最根本的区别，就是能不能容忍目标实现不了的后果。

我们希望孩子乖巧听话，这是我们的目标，可孩子就是拖拉、不听话，这是现实。当你能够容忍孩子的行为的时候，那么这个目标就是你的愿望；当你不能够容忍孩子的行为的时候，你很焦虑，那么这个目标就是你的应该。

妈妈对不听话的孩子生气的时候，就好像在说："我必须让孩子符合我的目标。"

很多同学，在平时学习的时候，成绩很优秀，但一参加重要考试，成绩就很糟。这也可能是应该思维导致的结果。这些同学的目标一旦确立，便无法接纳不能实现目标的事实。于是很担心考不好，越是担心就越是紧张，越紧张就越考不好。

考得好，这不能是个目标，而是我们的一个愿望，是用来激励我们的，不是用来约束我们的。只要平时努力，最终的结果，我们都接受，用这样的愿望思维来应对学习与考试，就很少会出现发挥失常的情况。

作为为人父母的成年人，你得明白这个世界不是围绕你转的。有时候，就是有很多不公平和不如意。如果你不能接受现实，你的心里就会生出忧郁、愤恨和怒火，它将影响你和你的孩子，使你们变得更差。

只有把应该变为愿望，变得更有弹性，我们的生活才会更美好，我们的孩子才会更坚强。

抽象与具象思维

凯利一家人在吃晚饭，气氛很融洽，有说有笑。快吃完饭的时候，妈妈对凯利说："一会儿你刷锅，好吗？"凯利爽快地答应道："好的，妈妈。"很快，凯利吃完了，但妈妈和奶奶还没有吃完。这时，凯利站起来说："我先去上个卫生间，你们慢慢吃，吃完后，就把碗放在桌子上别动，我一会儿出来后收拾。"说完就走了。

这时妈妈一脸的不高兴，随口说了一句："懒家伙，一让干活就上卫生间。"

凯利也许是真的有意拖拉，但是妈妈的反应，却是绝对化了。妈妈从一次活动中，抽象出凯利的本质是懒的，而且在时间与场景上做了假设，认为无论何时，她都会逃避劳动。

妈妈的这种抽象化思维，对孩子的成长造成了巨大的伤害，这种行为叫作"贴标签"。孩子本来都是一张白纸，在成长的过程中，被贴上了各种抽象化的标签，这种抽象化的标签，把孩子与现象隔离开来，使他们逐渐失去了活力。

这种普遍存在的抽象思维，会从三个方向对孩子做出绝对化的加工：永久化、普遍化和人格化。

所谓永久化，就是在时间维度上，觉得这件事会一直发生。家长们对孩子经常说的话是："你总是这样，你总是这样。"比如，你总是拖拖拉拉、你总是顶嘴。

"总是"就是一种时间上永久化的说法。如果你把"总是"用"有时候"来替换一下，你不妨体会一下差别。

你总是顶嘴和你有时候顶嘴，后一句指责的味道是不是少了许多？

所谓普遍化，就是从一只乌鸦黑推广到天下乌鸦一般黑。孩子只要是学习不好，就什么都不好。只要学习好，又什么都好，一白遮百丑了。

所谓人格化，就是把少数事情的特征归结到人的品质上。比如凯利的妈妈说的懒，这个懒的评价，就是人格化。

要终止抽象化思维的恶劣后果，需要用具象化思维来代替。就事论事，不做任何抽象化的总结。让孩子生活在一个个具体的事件中，在具体的事件中成长。

妈妈让凯利刷锅，凯利去卫生间，妈妈不能从这件事情给孩子贴个懒的标贴。

妈妈可以催促孩子快点出来，但不能抽象出一让干活就上卫生间的假设。

妈妈还可以就这个事对凯利提出建议，明天吃饭前先上卫生间。

这就是具象化的思维。在具体事情的讨论中，孩子逐渐学会了生活的技巧而不是隔离在抽象的概念之中。

在大人聊天、父母教育孩子时候，我们常常能听到这样的话：

"我家孩子就是个胆小鬼！"

"这孩子是个小霸王，不知道让着弟弟。"

"纸老虎一个。"

这个场景是不是很熟悉？胆小、霸道、自私、自卑……这样一个个抽象化的标签，随口就被贴在了孩子身上。

给孩子贴标签容易，要撕下来却很难。

用抽象化的标签来给孩子下定义，这些很可能会变成魔咒，束缚孩子的一生。

我们需要试着用具象化的场景描述，与孩子交流。

"我今天看到你很晚才起床看书呀！"

"妈妈发现你刷牙和洗脸后没有刷池子。"

"你跟小伙伴分享了玩具，她很高兴哦！"

"你答应妈妈几点回家的，你今天做到了吗？"

"妈妈让你刷锅，你上卫生间，给人的印象你是在逃避。"

用具象的思维代替过度的抽象，让孩子的感觉深植于现实生活之中，孩子的成长之树，就能不断吸收生活的养料，茁壮成长。

失败与机会思维

期末考试结束了，成绩出来了，凯利的的语文、数学、英语三科成绩，在班里排名倒数第三。这一下，妈妈坐不住了，晚上立即召开了家庭会议，讨论凯利的学习问题。

爸爸刚坐下，就把硕大的手掌高高举起，大声呵斥："你要是再不好好学习，我非揍你不可。"妈妈坐下后，也开始痛斥孩子的种种劣迹。孩子坐在板凳上，低着头，一言不

第二章 思维

发。这个家庭会议,其实就是一个不折不扣的批斗会。一个多小时过去了,会议结束时,孩子低着头,当着全家的面发誓:从此不再看手机,暑假天天学习,下次一定考好。

爸爸妈妈看到孩子态度这么好,又这么有决心,怒火总算消了一点。

效果怎么样呢?孩子从此开始努力学习了吗?显然不太可能。两天后,我专程找到孩子妈妈,问她这两天孩子的情况。妈妈说,还是玩手机,不学习。让她学习,她说还没有正式放假,等正式放假后再开始学习。

为什么会出现这种状况呢?我认为主要还是家长的责任。面对孩子的考试成绩,家长应当用一个什么样的态度来对待孩子才是正确的呢?

爸爸妈妈认为凯利的考试成绩差,是一件很丢脸的事,或者说是一种失败,所以很生气。这是父母对待孩子成绩的一种错误思维,而且是一种极端错误的思维。

为什么这么说呢?首先请你思考一下,人的能力究竟是怎么培养的?如果你每天都在一个熟悉的环境下,做你已经会的事情,虽然不会犯错,但你的能力会提高吗?当然不会。

你再想想,小孩子是怎么学走路的?在学走路的时候,他是通过不断地摔跤,爬起来,再摔跤,再爬起来,最终才学会走路。

所以,人的能力,就是在不断的犯错中培养起来的。

孩子成绩差,考试时做错了很多题,只要孩子把考试中出现的错题全部学会,那孩子的能力就提升了。所以,成绩差，是孩子成长的一个机会，一个难得的机会。

　　用机会思维代替失败思维，是促进孩子成长的一个基本思维。这种思维的核心，是改变对错误的认知。当你认为是一种失败时，你很苦恼，也很生气，这种负面的情绪会传染给孩子，孩子自然也会认为自己不行，从而形成恶性循环，孩子也就真的越来越差。

　　当你认为错误是孩子成长的一种机会时，你会心平气和，这种乐观、积极向上的情绪同样会传递给孩子。孩子在愉快的氛围中，努力改错，自然也就茁壮成长了。

　　通过学习，凯利的妈妈知道了这是孩子成长的一个机会，她平静下来，平复了一下自己的心情，然后再次与孩子交谈。

　　首先，妈妈传递给孩子一个信息，只要我们把错题全学会，那就相当于考了一百分。暑假时间又很充足，实现改错目标也不难。孩子听了很惊奇，改错后就相当于考了一百分，那不就是优等生了吗？妈妈说："是呀，你本来就应该是优等生的。"

　　孩子的情绪得到了积极的调动，开始主动分析这次考试出现的问题，语文、数学还可以，在班里是中等水平，排名靠后，主要是英语拉分太多，英语没考好的原因是音标不会，单词不熟悉。

　　所以，暑假要重点把音标和单词学好。之后，在妈妈的帮助下，又制订了语文、数学的学习计划。

　　家长是孩子的指挥棒，家长指向哪里，孩子就奔向哪里。当孩子犯错的时候，不是失败而是机会。失败是对过去的总结，而且它引向了个人评价，打击了孩子的自信。机会是面向未来的希望，它激发起孩子深藏的潜能，助力家长引领孩子一步步成长。

张力思维

小时候听过一个故事，有个赶车的人坐在车上，手里拿个棍儿，上面拴根胡萝卜，把它放到牛眼前不远的地方。牛想吃那根胡萝卜，就努力向前走，牛一走，胡萝卜也走，这样就可以让牛不断地走下去。

这个故事很有意思，面对孩子，我们也需要给他一根胡萝卜，给孩子一个行动的张力。这根胡萝卜就是一个目标。只有有了目标，它才能激发起孩子内心的力量。

很多时候，我们知道这个道理。所以，每当新年的时候、开学的时候、考试的时候、放假的时候，家长就会帮孩子制定各种各样的目标。但是很不幸，在大多数情况下，制定的这些目标，仅仅只是制定了，并没有起到拉动孩子行动的作用。这是为什么呢？

定个目标当然很重要，没有目标就没有方向。但是定个什么样的目标更为重要，科学的目标是行动的保障。

很多时候，很多家长都会指引孩子定一个前进多少名次的目标。结果往往是达不到目标，家长于是很生气。有一次，一个家长当着我的面，指着她的孩子训斥道："一次前进不了十名，咱前进五名行不行；前进不了五名，咱前进一名行不行?你看看,不但没进步,反而退步了,学习一点不用功。"

把名次当作目标,看似很好,实则不然,这是个很不科学的目标。为什么这样说呢?因为名次不是孩子自己能决定的事情,它的实现是一个比赛的结果,名次是由多个人决定的。换句话说,名次对于孩子来讲,不可控。不可控的目标,转化成行动的张力是有难度的。

那什么样的目标才是科学合理的目标呢?

首先是孩子自己可以控制的,那就是目标的实现与否,是由自己决定的,不再受其他人的影响。

其次,在实现目标的过程中,进度是可以测量的,孩子可以随时知道自己离目标还有多远。

英国曾经有个著名的游泳运动员,她要横渡英吉利海峡,经过很长一段时间的艰苦训练,她正式开始横渡了。但是很不幸,当天雾很大,她游了很久,累到了极点,就放弃了。当她登上船后,才知道,终点就在眼前。如果当天没有雾,她便能清晰地知道离目标还有多远,她就不会那么轻易地放弃了。

回到我们的孩子,如果把名次当目标,第一,不可控,无论孩子多么努力,都不能保证实现目标;第二,不可测,随着时间的推移,孩子不知道自己离目标还有多远。

对于孩子,如果拿名次当作目标不科学的话,那应当拿什么当作目标呢?正确的答案是学习内容。

比如:多长时间记多少英语单词,背多少古诗,做多少道数学题。这样的目标,很具体,只要孩子去做,就可以完成。孩子对目标具有可控性,孩子就有较强的动力去做了。

在最终实现目标之前,做了多少,还剩多少,一目了然,进度是可测量的。每前进一步,孩子都会有成功的体验,动力就会增强一步。

结果是可控的,进程是可测的,科学合理的目标是引领孩子成长的阶梯。每天的、短期的,从一个个小目标入手,产生一次次的张力,积小胜为大胜,渐渐滋养出长期的大目标,孕育出人生的梦想,就会产生巨大的张力。

对照思维

又放暑假了,突然想起了去年的一件往事。凯利参加了一个夏令营,其中一天大家要进行才艺表演,有个同学上台弹奏了一首钢琴曲,随着优美、动听的琴声不断地流出,全场都陶醉了,最后那位同学获得了夏令营最高才艺奖。

凯利很羡慕那位同学获得的如英雄般的荣誉。从夏令营回到家,她非要去学弹钢琴,为此爸爸妈妈不得不花几万元买了一架钢琴。刚开始,凯利还能按时学琴、练琴,可是好景不长,练琴的枯燥与乏味,让凯利望而却步,终于有一天,她对爸爸妈妈说:"我不想学钢琴了。"

听到这话,爸爸妈妈有点傻了,家里经济条件并不是很宽裕,买钢琴花了好几万元,妈妈当时心疼了好长一段时间,但为了孩子,自己省吃俭用,也心甘情愿。可现在,孩子不学了，那几万元不就白花了吗？

听了这事之后，我与几位老师交流。谁知，到处都是像凯利一样的故事，有学画画的、有学葫芦丝的、有学架子鼓的，都是没几天就放弃了。

这些半途而废的孩子们，是他们毅力不强吗？家长一般是这样认为的。但事实上大多数并不是这样的。很多是由于事前家长没有告诉孩子，练习可能是一段孤独、寂寞的过程，有时还会伴随着痛苦。

孩子一心想着登台表演时的光鲜亮丽，却对练习中的困难没有一点心理准备。结果，练习的过程中一而再、再而三地碰到困难，孩子的信心逐步被击碎了。终于有一天，就萌生退意了。

家长也是一肚子委屈，孩子练不好琴，怎么反而怨家长呢？是的，没错，主要责任在家长，怨家长没有把障碍清晰地告诉孩子。要想让孩子减少这种半途而废的情况，就需要用对照思维的逻辑，对孩子进行正确的引导。

孩子有了目标之后，首先引导孩子想到实现目标的美好，这种美好是孩子向前冲的动力来源；当孩子感到动力十足时，接着引导孩子了解在实现目标过程中可能会遇到的障碍。对于每一个可能出现的障碍，应当采取什么措施来应对。这种对障碍的设想与应对，就成了日后孩子克服困难的强大心理力量。

在这种对照思维的引领下，孩子坚持下去的可能性会得到极大的提高，从而表现出强大的毅力。

第二章 思维

凯利的妈妈听我讲完之后，问我："那现在她不练了，怎么办？怎样才能让孩子重新走上学琴的道路？"我说："那就让我们重新描绘一下美好的结果，看能不能引起孩子的兴趣。如果有兴趣，再针对孩子提出的困难与障碍给出解决的方法和预案。"

实践的结果是，孩子很想要学成后那种受人关注和羡慕的效果，但是对可能遇到的障碍缺乏克服困难的信心。这时，妈妈和老师一起，给凯利做了困难预案。对于每一个想到的困难，都给出了解决的办法。比如在孩子不想练的时候用听大师弹琴代替，听一会儿后再练；当感觉枯燥时，立即停止练琴，把下一次练琴的时间调整到10分钟，等等。有了这些预案，凯利反复思考，觉得自己能够做到，于是再次走上了练琴道路。这一次她表现得很顽强，再没有轻言放弃。

毛泽东同志年轻时曾用一副对联激励自己："贵有恒何必三更起五更眠，最无益只怕一日曝十日寒。"

"有志者立长志，无志者常立志。"毛泽东同志应当算是标准的有志者了。在刚开始的时候，他对困难想得多一些，所以在实践的过程中，就表现出了持之以恒的优良品质。

人要仰望星空，才会觉得生活有奔头，只有脚踏实地，才不至于让自己迷失在幻想中。对照思维就是一个让我们既仰望星空，又能脚踏实地的工具。

温柔的惩戒

在一次全国教育联盟会议上，有众多知名教育人士参加，比如新东方的俞敏洪等。其中还有一个复旦大学的教授,他是著名的学者。在会上,这个教授大声批判中国的教育制度。他说中国的教育出了问题,对小孩子不能打、不能骂,任由孩子自己漫无方向地发展,这样下去怎么能培养出优秀的人才呢?

此言一出,立刻在社会上引起了轩然大波。在当今中国家庭教育领域,基本上形成了一个共识,那就是"对孩子不能打、不能骂"。现在突然有个声音说能打能骂,立刻引起了热议。

为什么呢?因为在"不能打骂孩子"的思想指导下,实践过程并不顺利,教育者普遍感到,只用鼓励、赞赏的方式对孩子进行教育,在孩子表现好的时候,还可以用。但在孩子行为出现错误,需要纠正孩子错误的时候,以前家长是用打骂的方式,现在不能打骂了,大家不知所措,家长普遍感到很无奈。

很多妈妈跟我抱怨:"我们知道不能打骂孩子,可就是控制不住自己,打骂了之后,也很后悔。可是不打他骂他,跟他讲道理,无论怎么说,他也听不进去,我也实在没办法,那该怎么办呢?"这种无力感与无奈感,让家长无比困惑与矛盾。

孩子真的不能打吗?如果真的不能打,那面对孩子的错误行为时,家长又该怎么办?其实,孩子不是不能打,尤其是面对孩子的错误行为,还可以打。但是,现在需要用民主的方法对传统的打法进行改造。

第二章 思维

打是一种暴力，是一种最简单但最有效的权力，使用它可以立竿见影。但是传统社会的打法，是家长看到孩子的错误之后，采取行动打孩子，体现的是家长的意志，它伴随着的是家长的愤怒与双方情绪的对立。在强大的家长面前，弱小的孩子选择的是屈服，深藏于内心的是委屈与仇恨。我们可以把这种打法称为"无情的暴力"。

我们所说的"打法"不是这样的，它是家长与孩子事先对可能犯的错误进行约定，如果孩子犯错了，孩子需要接受惩罚，这种惩罚是提前告知的。它体现的是家长与孩子双方的意志，它伴随的是家长的爱与双方情绪的统一。孩子内心接收到的是爱，孩子自己的反应是深深的感恩。我们把它称为"温柔的惩戒"。

无论是无情的暴力还是温柔的惩戒，它的目的是要给孩子制定规则，让孩子知道有些规则是不能突破的。

我的女儿快四岁了，她和其他孩子一样，喜欢看手机，晚上睡觉前，抱着手机不放。为了保证孩子的睡眠，我告诉她："到睡觉的时候，就不能看手机了，如果你还看，爸爸就要打你屁屁了。"

第一天晚上，到睡觉的时间了，她果然还在看。我说："到睡觉时间了，把手机给我吧。"她一听，扭头就跑，拿着手机跑到另外一个房间。我立刻追过去，把手机夺过来，同时轻拍了她两下。

这时，她站住了，愣愣地看着我，注意，她没有哭。她看了我一会儿，嘟囔着嘴说："那好吧，我去睡觉了。"她为什么不哭呢？因为她知道这个行为是要受惩罚的，而且我打她的时候，也没有生气发怒。她体会到的是满满的爱。

如此反复几次，孩子知道了睡觉时间绝对不能看手机，这是个不能突破的底线。所以，现在一到睡觉时间，她就主动把手机交给我。

小时候，坊间流传着这样一句话："打是亲，骂是爱，高兴的没法用脚踹。"虽然今天的家庭教育不提倡打骂孩子，但适当的惩戒还是必要的，要让孩子记住哪些行为是不可以做的，哪些规则是不可以突破的，这对他们的成长很重要。

思维训练的方式

之前网络上有一篇文章迅速走红，这篇文章的题目是《我的学渣儿子，妈妈相信你是来报恩的》。大致内容是这样的：

孩子爸爸是一所"985"院校毕业的工科博士，妈妈是一所"985"院校毕业的硕士，怀孕是按计划进行的，怀孕后的优生优育也是做到了极致。妈妈在最佳生育年龄27岁生下了儿子。儿子漂亮又健康，忽闪忽闪的大眼睛，看起来这一定是个聪明宝宝。

但自从他上了小学，他们所有的骄傲感很快就显得余额不足，被现实啪啪打脸。尽管他们百般不愿承认，但事实是——儿子的学习成绩就是不理想。

为了让儿子学习成绩赶上去，妈妈也给他报了许多辅导班，甚至请了一对一的家教。

不仅如此，白天儿子去上学，妈妈还按照上课进度，在家对着各种辅导书和视频努力学习，争取和儿子的教学同步，晚上辅导儿子。

可是，即便这样，儿子的成绩依然龟缩不前，终于，他们放下和其他家长之间的攀比，开始重新看待自己的儿子，也开始冷静思考学习的意义。经过反思，爸爸妈妈看到了孩子很多的闪光点。

曾经很长一段时间，他们看到不争气的儿子，就想起这句话："学霸都是来报恩的，学渣都是来报仇的。"

可是现在，他们不这样认为了。他们开始为自己的"学渣"儿子感到骄傲。

虽然在学习上儿子一点都不优秀，几乎每次考试都甩尾巴。可是，他却能安于做好自己，自爱且爱他人，自尊且尊重他人，以一颗包容开朗的心，去对待周围的人，这难道不是比学习成绩更宝贵的财富吗？

这是一对高知父母的思想蜕变过程，我们普通的家长，如何才能实现这种思想的转变呢？有没有方法呢？答案是有的。我们普通家长实现这种转变需要进行专门训练，训练的方式有三种：

第一种方式，是实证式辩驳。这是一种最基本的方法。一些理念站不住脚的主要原因就是它们有违社会现实，它们不符合生活事实。当它们背离社会现实的时候，如果你还是固执己见，就会影响事情的正常发展。

第二种方式，是逻辑式的辩驳。辩驳的重点，是推理的合理性。几乎所有的不理性思维，都有过度推理的问题。

第三种方式，是实用式的辩驳。简单地说，就是要问"这有什么用？"

凯利妈妈是个公益性户外活动群主，暑假一次集体活动，她没有让孩子参加，我很奇怪为什么。她妈妈说：这次期末考试她的成绩不好，去了丢人，让她在家学习。我更奇怪了，奇怪妈妈为什么会有这么奇怪的思想和这么奇怪的行为。

为了帮助凯利妈妈，我给她介绍了刻意的思维训练。

先用第一种实证的方式，问问自己：是不是考试成绩不好的孩子都不能出去玩，都需要在家学习？答案显然不是；是不是所有的考试不好的孩子的妈妈都觉得丢人？答案显然也不是。

再用第二种逻辑的方式，问问自己："我的孩子必须学习好，他就不能有一次考得差吗？"这符合逻辑吗？当然不符合。谁也不能保证孩子每次考试都很好，也不能保证学习一直很优秀。

最后用实用的方式，问自己："不让孩子参加活动，有什么用呢？对我、对孩子有帮助吗？"显然，这种做法对自己、对孩子都没有什么好处，它只能打击孩子的自信与自尊。

经过这样的思维辩驳，凯利妈妈心里轻松多了，很高兴让孩子一块儿出去玩。

自从孩子读书后，我们总是习惯用唯一的标准——学习，来衡量一个孩子的好与坏。

这是不对的。

孩子是一朵慢慢开放的花,怎能如此单一地去评价?

我们不应该鄙视平凡,相反应该欣然接纳平凡,只有这样才能有更好的人生。

如何才能接纳平凡呢?可以通过实证、逻辑、实用三种方式,与自己辩驳,进行刻意的思维训练,慢慢地,就可以形成自己的积极正面的想法。

◀ 第三章

情　感

认识情感

昨天，凯利妈妈和另外几个妈妈们在一块儿吐槽，其中一位二年级升三年级的学生妈妈很焦虑地说："我家女儿什么都好，就是不爱学习，在班里排名倒数第三。一到放暑假，孩子就找我谈心，说：'妈妈，我平时上学太累了，想利用暑假好好休息一下。'你说这孩子咋弄，一说学习就蔫儿了，没有学习的动力。"这位宝妈的发言，引起了共鸣。你一言我一语，都在诉说自己孩子厌学、没有学习动力的不是。这时更有一位妈妈忧心忡忡地说："有一次，我一说'学习'这两个字，孩子哇的就吐了一口血，吓得我再也不敢给他说学习的事了，怎么办呢？"

第三章 情感

听到这儿，我实在憋不住了："既然你们知道孩子没有动力，为什么不给孩子加点动力呢？"

谁知我这话一出，全场立刻鸦雀无声，大家都愣愣地看着我，不知道说什么好。过了好一会儿，凯利妈妈才率先打破沉默，说："那什么是动力，加在哪里？动力能加吗？"

我听了之后笑了一下，开玩笑地说："你们不知道动力是什么，那为什么说孩子缺乏动力呢？"

那到底什么是动力呢？如何给孩子增加动力，能加吗？

答案是肯定的，能加。

要搞清楚什么是动力，就得知道动力就是能量。关于心理与意识的能量，美国心理学家大卫·霍金斯，在20世纪70年代给出了一个意识能量层级图，他不但给出了一个能量层级，而且给出了各层级的具体数量，从定性走向了定量。这个意识能量层级图，对我们如何为孩子提供动力具有一定的指导意义。

在这个图上所标示的能量从低到高依次是羞愧、内疚、冷淡、悲伤、恐惧、贪欲、愤怒、骄傲、勇气、淡定、主动、宽容、明智、爱、喜悦、平和、开悟。这就是我所说的能量与动力。从这个层级，我们可以知道，不同的情感对应不同的能量，只要把相应的情感给孩子，孩子就会获得相应的能量。在这个层级中，以勇气为分界线，之前的是负能量，之后的是正能量。如果你给孩子的是愤怒、悲伤、羞愧等情感，那么就是在抽取孩子的能量，孩子做事的积极性就会越来越弱；如果你给孩子的是宽容、爱与平和等情感，那么就是在增加孩子的能量,孩子做事的积极性就会越来越强。

能量最高的级别是开悟,我们不好理解,除此之外级别较高的且又好理解的,有爱与平和。要想让孩子的生命充满活力与动力,其实很简单,它不需要父母有多高的知识,有多高的地位,只要做到爱与平和就可以了。无论外在的世界多么不完美,我们每个人都可能在内心建立一个完美的世界。理论上,平和是不分层级、种族、地域的,每个人都可以实现。只要有爱与平和,你的孩子就可以获得人类至高无上的力量,你的孩子就可以拥有无比强大的内心力量,足以克服人生中遇到的任何障碍。

2017年8月,有一个卖米粉的个体户走红了网络,原因是他们贴出了一则告示,原文如下:

> 各位顾客,本人因送儿子上清华大学读书,8月20日至24日暂停业5天,25日正常营业,请相互转告。

像这样一位普通的家长,培养出了清华骄子,原因何在呢?我没有见过他们,但是我猜想,他们的家庭氛围一定是充满着爱、平和与温馨的。在这样的情感滋养下,儿子获得了巨大的心理动力,支撑着孩子去努力、去奋斗,终于获得了成功。

思维与理性,为人提供了前进的方向;情绪与感情,为人提供了前进的动力。做家长很难,也很容易。今天,我们每个人都可以运用爱与平和来为孩子装上一个大马力的发动机,来改变孩子的命运。

追逐快乐与幸福

小时候,我家里的中堂挂着一副对联:"书山有路勤为径,学海无涯苦作舟。"妈妈总是指着对联对我说,学习要刻苦。为了证明学习要刻苦,妈妈还会一遍遍地重复头悬梁、锥刺骨的故事。不吃苦中苦,何来甜上甜?所以,在很长一段时间,我都认为学习是辛苦的。直到有一天,有人问我,"你天天学习那么长时间,你觉得苦不苦啊?"这时候我才停下来,认真体会了一下自己每天的感受,并没有觉得辛苦呀。从那时起,我对学习是辛苦的产生了一点点怀疑。

后来,随着年龄的增长、学识的增多,我逐渐明白了:人都喜欢追求快乐,逃避痛苦,只有把学习当成快乐的事,只有体会到学习过程中的快乐时,才能持之以恒地去学习,才能学习好。

大多数家长都有一个错误的认识,认为学习是痛苦的,错误的认识导致错误的结论;当家长不断地逼迫孩子学习,让孩子体验到痛苦的时候,也就是孩子开始逃避学习的时刻。

只有把学习当成一件快乐的事情,只有引导孩子体会到学习快乐的时候,他才会爱上学习,主动学习。

学习是一件快乐的事情,这是真的吗?有科学依据吗?答案是肯定的,并有科学依据。心理学研究表明,人最快乐、最幸福的时刻都是在工作、学习中实现的。这个最快乐、最幸福的时刻，就是高峰体验，也叫心流体验。在这个时刻，人忘记了时间，忘记了自我，完全沉浸在一种极度快乐与幸福之中。

虽然我们大多数时间内不能有这种极度快乐的体验，但是，通过学习获得轻微的快乐还是不难的，并且每天都可能发生。

如何实现学习快乐？教育学家给出了具体的方案——最近发展区。

给孩子学习的东西不能太少、太容易，太少、太容易就会索然无味；也不能太多、太难，太多、太难会产生恐惧。让孩子跳一跳能摸到，经过自己的努力能学会，这就是最近发展区。这种状态下，孩子就会产生快乐，就会爱上学习。对于孩子跳一跳能摸到的具体数量标准，科学家们也给出了一个精确的结论。新知识在所学知识中占比15%，就是最合适的比例，多了就难了，少了就容易了。15%是一个产生心流与高峰体验的比例。我们家长可以好好体验一下这个比例。

如果学习是一件快乐的事情，为什么那么多的孩子还讨厌学习呢？原因是很多家长的方法不对，把孩子学习的兴趣打压下去了。

特别是在小学一、二年级，老师布置的作比较少，家长特别喜欢自己给孩子布置作业，凯利妈妈就是其中一个典型。只要一看到孩子早早地写完作业，她必定会再给孩子加一点"工作量"。

每天加的这一点作业，就是压死骆驼的最后一根稻草。

它超过了15%的最优比例，把学习从快乐变成了恐惧。

我想起了我的妈妈，她虽然认为学习是辛苦的，但所幸她并没有逼我去学习，没有超出15%的最优比例，我并没有体验到学习的痛苦，否则，我就成"学渣"了。

很多孩子在经历了家长两年的多加作业训练后，在心理上对学习产生了恐惧，到三年级，开始彻底痛恨学习。三年级学习分化成为一种现象，成为一道分水岭，原因很多，但一些家长的不当引领，是其中重要的原因。

我国有个成语叫"拔苗助长"。每个孩子都是一个小青苗，在学习成长上，每个孩子都有自己的成长轨迹，不能早也不能晚，刚刚好才最好。每个家长，无论你望子成龙的心情多么急迫，也不能拔苗助长。只有顺应自然的规则，让孩子自由地成长，在成长的过程中，让孩子体验成长的快乐，孩子最终才能走向成功与成才。

扭转生气与愤怒

我们在与孩子交流时，是否常常感到力不从心呢？总感觉是自己关心孩子，可是孩子并不领情。

孩子上学出门时，家长再三嘱咐：上课要认真听讲，放学早点回家……

当孩子在该回家的时候还没回家，家长开始责备，肯定又是贪玩了。

继而气愤，都什么时候了，也不知道回家！

接着愤怒，不管他了，我们先吃饭，让他饿着去吧。

一边吃饭一边想：回来后，非得好好教育教育他，没有一点时间概念。

吃完晚饭已经8点多了，孩子还没回来。家长越想越担心，这孩子，不会出什么事吧！越想越害怕，开始挨个给孩子同学打电话。

此时门铃响了，家长气不打一处来，开口就骂："你不知道回家呀，总是回来这么晚，干什么去了？肯定是跟某某玩去了吧，现在才回来……"

孩子解释，但家长根本就不给孩子说话的机会，甚至更厉害的家长，伸手给孩子一巴掌，孩子哭着跑去自己房间。

这种场景，这种愤怒的过程，你是否似曾相识，或者非常熟悉呢？最终都是怒火烧身，两败俱伤。愤怒让我们付出惨重的代价，事后，很多家长也后悔，但遇到这种事情，总是控制不住自己。用什么办法才能控制住自己的愤怒情绪呢？

现在流行的方法有两种，第一种是通过发泄来减轻愤怒。发现自己生气时，就主动对着无关事物爆发出来，用以减轻愤怒。第二种是暂停，就是发现自己生气时，先停一下，消消气。这两种方法，都有一定的作用，但都不能从根本上解决问题。

我们可以用更好的方法来解决生气与愤怒等负面情绪，那是什么办法呢？对于同一件事情，不同人的反应是不一样的，你认为生气的事，他不一定会生气，这其中的奥秘在哪里呢？在于你们之间的认知不同。

鲁迅说:"一部红楼梦,经学家看见《易》,道学家看见淫,才子看见缠绵,革命家看见排满,流言家看见宫闱秘事。"同一件事,在不同人眼里,差别甚大。

同一件事,它可以让你生气,也可以让你高兴,不是有个"破涕为笑"的成语吗?说的就是一下子从哭变成了笑,你对一件事的重新解读就可能扭转你的情绪。

孩子考试成绩不好,回到家中,你生气了,愤怒了。

现在为了扭转情绪,你需要重新解读一下孩子的成绩。

原来,你认为成绩不好说明孩子很失败,是孩子不努力,孩子的品质不好,就应当用惩罚来教育他,所以你很生气。

现在,你可以对成绩不好,重新解读一下,你可以认为:"我的孩子成绩不好,说明他需要帮助,孩子是个努力的孩子,品质很好,他只是有几个知识点没学会,这是他成长的机会。我要立刻帮他复习功课。"在这样的解释支持下,估计你是不会愤怒的,你会耐心地和孩子交流。

孩子的某种行为让你生气了、愤怒了,这很正常,你不用后悔。你需要做的,是抓住这个机会,让自己成长一次。认真回顾一下,让你愤怒的是什么,把它改过来,把让你生气愤怒的事情,想象成让你成长高兴的事,以后再次碰到这种情况,就不再生气与愤怒,这就是扭转生气与愤怒和永不生气与愤怒的灵丹妙药。

自己的爱浇灌自己的根

马克思说:"人的本质是一切社会关系的总和。"以前怎么也不理解，现在逐渐有了体会。这是说人无时无刻不在关系当中。理解一个人，教育一个人，不能脱离具体的关系。

在孩子成长的过程中，父母与孩子的关系最为重要。孩子由父母而来，父母是孩子的根，孩子是父母的果实。

在家庭教育上，人们早就习惯了谈论家长对孩子的影响，为此形成了许多看似是公理的名言：每一个问题孩子的背后，都有一个问题妈妈；孩子的问题，100%是父母的问题；父母是原件，孩子是复印件。诸如此类的论调给了家长们巨大的压力。

事实真是这样的吗？当然不是。现在让我们从一个新的角度来思考一下家庭教育，那就是关系的角度。从这个角度出发，你会看到其实并不存在一个单独的自我，每一个关系里，都有一个不同的自我；不是你的个性，而是你的关系状态决定了你的想法和行为；如果你表现出自己不想要的行为，那也不是你一个人的问题，而是你所处的关系出现了问题。

我们套用一下这个理论就知道了。当你对孩子生气愤怒时，其实这不是你一个人的问题，而是你所处的关系出现了问题，说得更为直接一点，你之所以生气，是你的孩子让你生气了。你真的很委屈，有谁愿意天天生气呢？气大伤身，只为自己也不要生气。

你为孩子的分数生气，这就是孩子的原因；如果孩子考得很好，你还生气吗？当然不会。

孩子生气了，专家教你要学会倾听孩子；那你生气了，谁又来倾听呢？专家没说，反而告诉你，你不应当生气。面对孩子,只许州官放火,不许百姓点灯,是这样的吗?当然也不是。

当你生气了,如果孩子能倾听你的心声,你同样也会很快平复的。是的,孩子应当倾听你的声音,在家庭教育中,应当教会孩子倾听,教会孩子倾听父母的声音。只有补上这一环节,家庭教育才是完整的。

大树要生长,必须要浇水。在大树的根部,挖个坑,浇上水。孩子要成才,也需要浇灌,也需要给自己的根部浇灌。孩子的根是父母,孩子需要用自己的爱来浇灌自己的根,孩子需要爱父母,只有孩子的爱不断地滋养父母,父母的爱才能源源不断地滋养孩子。

在关系的视角中,妈妈的爱要浇灌孩子,孩子的爱也要浇灌妈妈。

平常我们都是在教父母用自己的爱浇灌孩子,今天,从关系的角度出发,要让孩子用自己的爱浇灌自己的父母。

父母几十年养成的性格,怎么可能说变就变呢?相对而言,孩子是一张白纸,还比较好变。教给孩子如何应对父母的负面情绪,孩子会做得更好。

当你生气愤怒甚至打孩子的时候,孩子的反应不是对抗逆反,而是大声地说:"妈妈,我错了,我改,可以吗?"这时,你还会越来越生气吗?当然不会!

当你不断地说教、给孩子讲道理的时候,孩子的反应不是不耐烦,而是接纳;不是说"妈妈,你别说了,道理我都懂",而是说"妈妈,你真有智慧,你说得对,我必须得改"，这时你还会生气吗？当然不会！

看来，孩子真的可以滋养、教育家长。

家长与孩子的关系，就像任意两个个体之间的关系，是一条双向街，就像做一笔业务，双方都要扮演角色。当两个人互动时，一方说的话、做的事，是对另一方说的话、做的事的回应，也是对过去说的话、做的事的回应。

关系拼图

今年，我参加了一次夏令营，在夏令营看到的情景，真让我大跌眼镜。有个小朋友拿着苹果想吃，但不会削皮，到处跑着找人削；有个小朋友居然不认识鸡蛋，后来有人告诉他这是鸡蛋，他却说："我以前见过的鸡蛋都是软的，这怎么成硬的了？"原来在家他从来没有剥过鸡蛋；还有个小朋友更成问题，上厕所不愿意蹲坑，非要坐马桶，直到憋得不行了，才勉强上厕所。

看到孩子的种种行为，我不由自主地想起了一句话：有一种爱，叫作"照顾得你生活不能自理"。这是一句玩笑话，可在社会关系中，这是真的。从这些孩子身上，我看到了他们在家的状况，看到了那些过度的关爱。

在人际关系中，人和人之间的行为和角色，就像一个拼图，是他们把彼此塑造成了现在的样子，来完成这个大拼图。家长凸一些，孩子就会凹一些，家长凹一些，孩子就会凸一些。

第三章 情感

在教育孩子这件事上,家长应当多体现凹,即谦和、示弱的一面,这样有利于孩子表现个性、发挥主动性和创造性。这种镶嵌的结合,会形成家庭和谐的局面。当孩子进入社会后,孩子的形象就会更多地体现为主动担当、情绪稳定,孩子的生活就与整个社会处于和谐状态。

教育需要技巧,一个勤劳的妈妈教育出来的孩子可能会很懒,因为这个妈妈太勤快了,孩子什么也不用做,什么也不用学,然而一个懒妈妈教育出来的孩子可能正好相反。

平时,工作一天回到家,我们都会感觉特别累,想喝水又不想动,你会怎么办?是自己动手还是让孩子帮倒水?很多人会自己动手,仅有少数家长会让孩子帮忙做一些力所能及的事情。

有位家长说:"张老师,我有一次特别累,于是让我6岁的孩子帮忙倒水。等孩子给我端来时,我高兴地说:'宝宝长大了,知道孝敬妈妈了,妈妈好开心!'孩子很得意,又问爸爸、奶奶、爷爷想喝水吗,把全家人问了个遍。"

可能很多勤快的家长认为这样做是万万使不得的,他们怕孩子打碎水杯,烫伤皮肤,于是自己再累也不肯让孩子做。长此以往,孩子会认为家长像超人一样,不知疲倦,孩子就会变得越来越依赖父母,甚至不能独立。

现在,很多家长太溺爱自己的孩子,总是想方设法为孩子打理好一切。可孩子的表现却与家长的意愿往往有出入,甚至背道而驰。好多家长总是埋怨自己对孩子的付出得不到回报。

那些"懒家长",其实他们一点儿也不容易。在许多情况下,不但不能省力,反而更加麻烦。孩子自己吃饭,撒的到处都是,自己还得洗衣、擦桌、拖地板;孩子自己洗袜子、手绢,洗不干净,自己还得重洗一遍,当然没有自己直接包办更为快捷方便,省心省力。但这却是促成成长的好契机。

"懒妈妈"其实并不是真懒,是身懒心不懒。在孩子还小的时候,他们就让孩子做一些力所能及的事情,甚至会创造条件给孩子锻炼的机会。"狠心"让孩子受挫折,他们舍得放手让孩子自己去摸索、成长。在培养孩子的过程中,他们实施无痕教育,最后孩子不但性格阳光、自强自立,而且活得精彩、幸福。

家长做到"有原则、会示弱、不强求",学会放手,培养的孩子就会更加优秀。

构建健康家庭关系的方法

我曾遇到一对母女,爸爸出门在外做生意,很少回家。妈妈一直把教育女儿成才当作自己唯一的人生目标。从开始怀孕起就进行胎教,孩子出生了开始早教,然后是幼儿园、小学、初中、高中,直到大学,其间每一步,都是妈妈亲自安排的。女儿也一直很优秀,最后终于如妈妈所愿,考上了一所"985"高校。妈妈觉得这是自己教育的成功,自然也是很高兴,逢人就传授自己的育儿经。

现在女儿到外地上大学了,两人相距很远,女儿似乎要

第三章　情感

独立自主开始新的生活了，然而这样的事情并没有发生，这种空间的距离，并没有阻碍妈妈安排女儿的生活。每天晚上，母亲都要和女儿视频聊天，女儿的一切都掌握在妈妈的手掌心。这个妈妈来找我，是因为女儿考研究生的事，开始女儿不想考研，妈妈不同意，最后女儿同意考研了，但就报什么专业，母女两人发生了分歧。这位妈妈很苦恼，跋山涉水专程找到我，希望我能给她出一个主意，说服女儿按她的要求报考研究生专业。

我听了她的诉说之后，知道这是一位控制欲很强的妈妈，她有一个年轻时未实现的梦想，希望通过女儿来实现。

这位妈妈像众多父母一样，都落入了一个陷阱，即本应属于孩子的问题，她却承担了解决问题的责任，而不是鼓励孩子自己去解决问题。

这位妈妈很苦恼，她苦恼的根源，就是在母女关系中，分不清什么是女儿的事，什么是自己的事。她混淆了自己与女儿的感受，也混淆了各自的责任。

妈妈问题的解决办法，就是怎么在情感的纠缠中，分清什么是自己的事情，并把自己的事情做好。把自己能做的事做好，就够了。因为归根到底，每个人都只能做好自己的事情。如果妈妈真的把自己的事情做好了，把孩子的事情留给孩子做，也许她就不会有那么多的烦恼。

分清是谁的事，有个学术术语，叫做"课题分离"，通俗一点，也可以叫做"问题归属"。这是一个构建家庭健康关系的基本原则。

当父母赶时间上班，孩子却磨磨蹭蹭；当孩子没有按时回家吃晚饭却忘记打电话；当孩子把电视声音开得太大，父母说话都听不清楚的时候，孩子的这些行为影响了父母满足自己需求的权利，父母应当负责解决这些问题，并且父母有权试着改变那个引起问题的行为。

另外一些行为，孩子应当为问题负责。例如，孩子发现自己的家庭作业太难；孩子不喜欢某个老师；孩子被小朋友拒绝一块儿玩，这些是孩子在他们自己的生活中经历的问题，是独立于父母的生活之外的，孩子应当负责改变行为解决问题。

弄清问题的归属，对于家长而言，无疑是最有意义的事，家长无须为孩子的一切问题负责。多年来，那位妈妈一直在为属于孩子的问题承担责任，直到现在也没有意识到。

所有的孩子在生活中都会遇到问题，孩子在为问题寻求解决方案方面有着令人难以置信的潜力。当家长负责解决孩子自己的问题时，它就会成为家长的一个负担，同时还会成为一个不可能完成的任务。因为没有人能够具有无穷的智慧，在任何时候都能为其他人的个人问题找到良好的解决方案。

在某些问题上，孩子确实需要帮助，但从长期来看，最有效的帮助就是不提供帮助。更准确地说，这种帮助就是让孩子自己解决问题。

做真实的妈妈

昨天，有位热心的朋友组织了一场家长座谈会，邀请我

第三章　情感

去参加。这里面有一群爱学习、求上进的妈妈们。她们平时已经学习了很多关于家庭教育方面的知识，然而在实践的过程中总是不得要领，迷茫而困惑。其中，有位妈妈说："我知道家长要做孩子的榜样，所以晚上回到家中，我和他爸都不看电视，也不看手机，把手机放到一个固定的地方。孩子学习的时候，我也在附近假装看书。长此下去，我都快受不了了。孩子的爸爸早就受不了了，一直抱怨，爸爸说：'我按时回家吧，在家里什么都不能干，太憋屈了；我想出去跟朋友喝酒，你们又说我不按时回家，孩子体会不到家庭的温暖与安全。这日子怎么过呀！'有时候，孩子睡了，我觉得可以看看手机，谁知孩子突然又醒了，这时，孩子就有种被骗的感觉，认为我们不让他看手机，我们却偷偷看手机。孩子认为父母这样做很不公平。"

这位妈妈的发言很有代表性，引起了大家的共鸣。面对孩子，家长该怎么办呢？

我听了之后，真替这些家长感到痛苦。我们生活的目的，是追求幸福，而不是痛苦，以教育孩子为理由，让家长痛苦这不符合逻辑，一定是哪里出了问题。可是到底是哪里出现了问题呢？

在家庭关系、亲子关系中，我们长期以来一直在培养孩子的自我意识，提倡平等、民主。不让孩子做的事，我们家长尽量也不做。所以不让孩子看手机、电视，我们这些家长也自觉地不看电视和手机，但是这样却给自己的生活带来了很大的不便。这样做，其实是对平等民主的最大误解，家长与孩子的平等与民主，是人格上的平等与民主，而不是孩子做什么，家长也做什么。家长就是家长，孩子就是孩子，这两个角色各有各的行为，他们不能混为一谈。家长像家长，孩子才能更像孩子。家长有家长的任务，家长有家长的工作，孩子也有孩子的任务，孩子有孩子的工作。家长的工作是挣钱养家，孩子的工作是学习成长。这个道理必须非常明确。当明白了这个道理后，家长就不用通过假装学习来强行为孩子树立一个学习榜样让孩子去学习了，家长需要的是做好自己，做一个真实的自我。

在家庭中，当对于同一件事父母的意见不一致时，为了不给孩子造成思想上的混乱，父母需要在事前商量，以哪一种观点为准，再告诉孩子。这种做法一直受到推崇。

但是这样做真的就好吗？我来告诉你，其实这种做法也不好。因为在父母统一思想的过程中，父母往往不是真的从内心实现了统一，而是强势的一方压制了另一方。在孩子面前，看似父母的意见一致，但实际上并不一致，只不过一方假装同意罢了。这种假装的同意，是另一种不真实的表现。孩子在瞬间就能感受到有一个家长在说谎。

父母所做的这些不真实的行为，都会对孩子的成长产生消极的影响。

在孩子面前，做真实的父母，是对孩子最好的教育。家长不必违心地做不真实的自己。

时刻把父母真实的自我呈现在孩子面前，时刻让孩子能触摸到父母的心灵，时刻让孩子感觉到爸爸、妈妈的不同，在这样的环境中,孩子才能真切地感到自己受到了尊重,才能真实地感到家庭的和谐,才能踏实地健康成长。

情感的同频

有一次讲课,一位妈妈给我说了一件事儿。春节走亲戚,亲戚说家里有冰激凌可以让孩子吃,但当时因为孩子生病了,她就没让孩子吃,孩子也同意了。可是当时叔叔说,"那让我吃吧"。当他打开那个冰激凌时,孩子不干了,大哭大闹,怎么哄都不行。妈妈把他拉到一个小房间里,开始还尽量用温和的语气和他沟通,可孩子还是不依不饶,说:"不行不行,我讨厌妈妈!"妈妈控制不住了,开始吼他。可能是被妈妈的吼声吓到了,孩子哭着说:"妈妈我错了,你别生气,我就是停不下来了。"妈妈抱着他,拍了拍他的背,气氛缓和下来。一会儿,孩子平静下来,说:"妈妈,咱们一起把冰激凌放回冰箱吧。"

那位妈妈问我,她的做法有哪些需要改进的地方吗?我说:"你已经做得很好了,如果满分100分,我给你打70分。"

"当孩子大哭不听劝时,你没有当场指责他,而是把他拉进小房间,这既是尊重孩子,又离开现场,避免场面更加尴尬。你最终吼了孩子,当孩子道歉时,你及时安抚孩子,修复亲子关系。孩子最终平静下来,并且主动想办法解决问题。"

这些都是好的,是得分的理由。

那么失去的 30 分是什么原因呢？我接着说："失分是因为你开始没有接纳孩子的情感，如果你能够抓住孩子情绪的节奏就更好了。当你在小房间里和孩子沟通时，他还是反复哭，说'不行不行，我讨厌妈妈'时，说明他的情绪还是处于上升期，你骤然想让他停下来，结果却恰恰相反。这说明你还没有真正接纳他的情绪。"

其实哭也是一种调节情绪的方式，你不如跟他说："我知道你现在很沮丧，想哭也是正常的。你哭吧，妈妈就在旁边陪你；等你觉得好一点，我们再说这件事情。"这样，他可能平静得更快。

孩子之所以情绪反应这么大，很可能前面当他哭时，大家都哄他。这就让孩子觉得"错的不是我，是你们"，有些"得理不饶人"。

当时的情况，让他哭一哭，再安抚一下即可。

在日常生活中，只要涉及沟通，我们就好像进入了一个没有情感的荒漠地带，家长不停地给孩子讲道理，但是孩子就是不听，而且孩子说得很直白，"道理我都懂，你别说了"。潜台词就是，"我不会按你说的去做，因为你根本不了解我"。

法国思想启蒙家、教育家卢梭说过："教育孩子最没用的三种方式，是讲道理、发脾气和刻意感动。"

为什么会出现这种讲道理不管用的情况呢？而且还是道理都知道，就是不去做呢？这中间的问题就出在情感上。我们在谈论一个问题的时候，没有设身处地理解孩子的情感，没有从内心与孩子建立链接。

所以我们讲的道理，在孩子看来，虽然都是正确的，但是离自己却很远，因为里面没有能解决自己实际情感的内容。结果孩子的评价就是空洞的理论、大道理等。为什么他们说是空洞的呢？因为没有加进他们自己的情感，他们体会不到实在的感觉，所以就给了我们这样的评价。

所以，要做好沟通，要做到同频，第一步就是同情、共情。体会孩子的情感，安抚孩子的情绪。只有经过这个步骤之后，孩子才会觉得是自己的事，道理才能变得不空洞。

有个上高二的学生妈妈找到我，说："孩子不想上学了，想去打工，怎么说都不行，一说就顶牛。"我问她："你是怎么说的？"她说她问孩子是什么原因，并给孩子讲不上大学不行的道理，可孩子就是不听。

现在你看到问题所在了吧。这位妈妈的问题在于，一开始，没有同情和共情。这时孩子的情感是什么状态呢？压抑、难受、迷茫，对这些情感，妈妈没有分析、接纳，而是直接进入了讲道理的过程，所以孩子不接受。

当家长充满同情地、准确地感受孩子的情感时，家长就会更加理解孩子，家长就会自动地产生亲密、关怀和爱的感情。作为回报，孩子也会对家长抱以同样的感情，并愿意听家长讲道理。

走进孩子的世界

前几天我在餐厅吃饭，听到一对夫妻的对话：

妻子说:"这几天没睡好。"

丈夫:"这几天天热,人就是容易早醒。"

妻子:"我有点担心女儿能不能适应托儿所的生活。"

丈夫:"小孩子嘛,可不都这样。过一段就好了。"

妻子沉默了。

在这段对话里,妻子一直在跟丈夫说,她觉得生活的某些方面出了问题,而丈夫却一直在强调"一切正常"。

丈夫听懂妻子的话了吗?没有。他只是用自己的想象来理解妻子说的话。

也许对丈夫来说,妻子的焦虑只是一种新的经验(也许不新)。他一直在努力把这些新的经验纳入自己原有的认知框架里。他没来得及听妻子说什么,却急着给妻子提供一些解释,好像他很需要这种"一切正常"的感觉。

如果这时候妻子告诉丈夫:"你没听我说话。"丈夫也许不会理解,甚至会反驳说:"哪里呀,我不是一直在倾听吗?"

可是,是什么让丈夫不愿意听呢?是他对妻子的状况不感兴趣,是他担心妻子在通过"告诉你我不好了"来责怪他,还是他很需要这种一切尽在掌握中的感觉呢?

不能只顾自己喋喋不休地讲,也不能别人还没说完就抢过"话语权",要有耐心。做到这一点就是倾听吗?不,这还不叫倾听。虽然你在听,耐心地听,但是,你是在用你自己的认知程序解释别人的东西。真正的倾听,是一件很难的事,是要用别人的程序解释别人的想法。

倾听的要诀,就是知道很多其实你并不知道的事,所以

第三章 情感

一个好的倾听者，会听出来很多问题，他知道这些问题的答案不在自己的心里，而在别人的心里，所以才会提问。

所以，在你和孩子交流的过程中，你要听出话音背后的意思，听不懂的时候，及时地发问。俗话说得好，"听话听声，锣鼓听音"。听到孩子说的，不能再想自己心里想的那些东西，要探究对方心里想表达的是什么意思。

再来看看下面的例子，能不能真实地听出孩子的背后意图。

例一，孩子说："妈妈，再有10天学校就放假了。"妈妈："是呀，过得真快，马上要期末考试了，你这几天要抓紧时间学习呀！"这时候孩子头一扭，嘴一撇，走了。

在这个案例中，妈妈听懂了孩子的话吗？也许没有。孩子可能想的是放假之后的计划，旅游什么的，妈妈想的却是期末考试。这样的交谈，自然不会愉快。

这位妈妈看似在听，但不是真正的倾听。真正的倾听，是听出背后孩子的真实意图。如果听不出来，怎么办呢？提问，问孩子是什么意思，这时候孩子会说出他背后的真实想法。

例二，回到家里，孩子对你说："我们换了个新老师，给我们留了太多的作业，我永远都做不完，我该怎么办？"

你以为孩子是在抱怨作业多吗？也许是作业真多，影响了他干其他事，有可能为了写作业，不能去操场踢足球了。但作业不是孩子关注的焦点，而是其他的事，比如踢足球才是孩子关注的焦点。如果不把事情搞清楚，家长就去关注他的作业，那就错了。孩子永远不能从沮丧的情绪中走出来。如果知道了孩子背后的原因，可以帮孩子安排其他的时间去踢足球，那样就解决了问题，孩子会很快恢复正常。

只有走进孩子的世界，才能真正地做到倾听，也只有真正的倾听，才能更好地走进孩子的世界。

请你走进孩子的世界，触摸孩子的灵魂，无偏差地理解孩子，在家长和孩子中间，才能筑起一条无障碍的通道。

带领孩子走进家长的世界

小时候，我听过一个"妈妈喜欢吃鱼头"的广播剧，大致意思是这样的：有一个小女孩，很喜欢吃鱼，每次家里做鱼，妈妈都把鱼肉让给她吃，而母亲只吃鱼头。她看见妈妈每次都只吃鱼头，以为鱼头很好吃，所以很想吃。但是妈妈每次都抢着把鱼头吃了，她不好意思和妈妈抢，就一直憋着。终于有一天，她憋不住了。妈妈又做了鱼，她好想吃一次鱼头，哪怕只吃一口尝尝也行，于是就鼓起勇气对妈妈说："妈妈，我想吃鱼头。"妈妈听了一愣，很快缓过神来，看着孩子渴望的眼睛，把鱼头给了小女孩。

小女孩高兴极了，端起鱼头就吃，可是很快她就失望了，因为鱼头没有她想象中的美味，只有硬梆梆的骨头，她翻来翻去，也没找到一块儿肉。鱼头一点儿也不好吃。这时候，她带着满腹的疑惑，问："妈妈，你为什么总是吃鱼头呢？"妈妈平静地说道："妈妈喜欢吃鱼头。"听到妈妈这样回答，

第三章 情感

小女孩心里释然了,她坦然地接受了这样一个事实,妈妈吃鱼头是因为各人口味不一样,妈妈就是喜欢吃鱼头。

后来,小女孩子长大了,她也当了妈妈,她的孩子也可以坐到桌子上一块儿吃饭了。她做了一条鱼,端到桌子上,让孩子吃。鱼不大,很快鱼肉就吃光了,她拿起鱼头吃了起来。这时候,她的孩子对她说:"妈妈,你怎么光吃鱼头呢?鱼头没有肉。"

听到孩子的问话,妈妈摸着孩子的头说:"孩子,妈妈喜欢吃鱼头。"孩子听了,好像听懂了似的,高兴地跑着去玩了。

这时,她突然想起了自己小的时候,妈妈也是对自己说的一模一样的话。她突然明白了为什么妈妈总是吃鱼头,她终于明白了妈妈对她的那种深沉的爱。

当时我听到这个故事时,被妈妈的爱深深地打动了,觉得这是世界上最伟大、最无私的爱。天下的母亲,有谁不是这样的呢?有好吃的先让孩子吃,有好穿的先让孩子穿。

但是,现在我不这么认为了,随着年龄的增长,随着见识、知识的增多,我为这样的妈妈们感到可悲。为什么自己的爱不能让孩子当时就感觉到,为什么只有在几十年后,孩子当了家长后,才能理解父母的爱。

每个家长都是那样地爱孩子,但家长却把自己的心扉关闭,就是不表达,不让孩子体会到这种感情。很多时候,孩子不但体会不到爱,反而体会到恨。于是,亲子矛盾不断出现。

家长的错误表达，不只是迟滞了亲子之间的感情联结，更大的创伤是影响了孩子的成长。现在社会上出现了很多不懂得感恩、没有责任心的孩子，一部分原因是父母没有给孩子机会，没有让孩子去感恩、去负责。社会上有多少不懂感恩的孩子，就有多少不知表达、隐藏自己感情的家长。

　　家长要把自己内心的真实世界展现给孩子。把家长的感受、需求、请求，全部毫无保留地告诉孩子，带领孩子走进家长的世界。让孩子从小就主动分担父母的忧愁，体会父母的情感。

　　只有孩子走进家长的世界，孩子了解家长的正常情感与需求，孩子才能做出正确的反馈。孩子才愿意为家长做事，孩子才能有正常的责任感与感恩心。

　　在上面吃鱼的故事中，那个妈妈是一个典型的妈妈，那个时代，物质匮乏，有点好东西，家长都不舍得吃。我回想我的妈妈也是一样，好东西都让孩子吃了。这个做法不错，但表达方式错了，妈妈需要让孩子知道真实情况，妈妈需要让孩子的感激之情在当下就生发出来，不能让这种感情在几十年之后才到来。

　　每天，孩子都能体会到父母的真实感受，他就活在一个真实的家庭中，他就觉得自己是家庭的一员，他就有责任、有义务为家庭做点力所能及的事，他会自然地对父母的付出心怀感激。感恩之心油然而生。

第三章　情感

寻找共同的需求

孩子不听话，无一例外，是每个家长都遇到过的问题。小的时候，家长可以靠武力让孩子听话，随着孩子逐渐长大，武力在孩子面前失去了威力，家长靠什么来让孩子听话呢？一般来说，家长是没有办法的。于是，家长与孩子就形成了对立，有时候还特别严重。让我们看一个例子，认真体会一下让孩子听话的秘诀：

2018年高考结束后，有一位妈妈专程找到我，非常担忧地向我咨询她儿子的事。开始，我以为她儿子高考成绩不理想，想不开，想找我来开导一下。结果，她说，她儿子考了600多分。我听了，顺口就说："这么高的分数，应当高兴呀！"可她说："是呀，我听了也非常高兴。但是这个分数，考清华大学没有把握，可能考上，也可能考不上。"

我接着说："考不上清华大学，也正常呀。毕竟，那是清华大学呀！"

妈妈这时候说："是呀，我也知道考上考不上都正常，考不上清华大学，可以上其他大学。但是我儿子不行呀，他表示非清华大学不上，他觉得自己本来可以考得更高一些，如果今年考不上清华大学，他就准备复习一年，明年再考。"

我听了之后，说："好呀，这孩子很有志气。"

妈妈这时候不干了，说："好什么呀。他们学校有一个学生第一年考清华大学差几分，复习了一年，第二年考试，又差几分，今年高考前，那个学生生病了，那个学生感到考清华大学无望，崩溃了，前几天跳楼了。"

妈妈接着说："清华大学那么好考吗？能上清华大学是实力与运气的结合，不能太过强求这个结果，如果他今年考不上，明年还考不上，他会不会也崩溃掉呀！"

这位妈妈非常理智，听到这里，我沉默了，觉得问题有点严重。我有必要帮助这位妈妈，说服他的儿子，更有柔性地接受高考录取的结果。

这位妈妈的问题出在哪里呢？她让儿子放弃自己的理想，放弃自己的追求，这对儿子来说，确实太残酷了，直接让儿子放弃上清华大学的梦想，儿子会承受多大的痛苦。如果不放弃清华大学的梦想，妈妈凭借理智，知道那样并不是一个最好的选择。

在这个问题上，儿子强调上清华大学的梦想，妈妈强调理智的安全，双方各执一词，剑拔弩张，谁也说服不了谁。你看，如果不会沟通，即使孩子考出了好成绩，也依然会有烦恼。

这对母子沟通的问题，关键在于没有找到共同的需求，在没有共同目标的模式下，只能双方各说各的话，形成矛盾。

所以，要想让儿子听话，这个母亲首先要解决的问题是，寻找他和儿子在高考这个问题上有什么共同需求。在双方确立了共同确立需求之后，就有了共同点，双方可以围绕这个共同点进行讨论，确立一个最优的方案。

在明确共同需求的过程中，首先要解决一个问题，就是需求与方案的定义。需求是一个人内心的感觉，方案是满足内心感觉的外在方法。

让我们再看一下这个例子：儿子非要上清华大学，是要满足内心什么样的感觉，他想用考上清华大学的外在方法，来满足他内心的优越感。而考上清华大学之后，妈妈肯定也会很享受这个"我的儿子最棒"的感觉。

经过分析，我们可以明确这对母子的共同需求了。

下面的问题就变成了要想实现这个需求，是否只有考上清华大学这一条路？远超他人的优越感，是否只有通过上清华大学才能实现？通过获得诺贝尔奖是否也能实现？

经过这样的分析，妈妈豁然开朗，她连声道谢。

后来，这位妈妈反馈，她的儿子没报清华大学，报了中国科技大学。他选了中国科技大学的人工智能专业，认为这是有前景的、最好的专业。

不听老人言，吃亏在眼前。如何才能让孩子心甘情愿地听老人、听家长的话呢？有一个办法，就是寻找到共同需求。

平等协商的形式

有一本非常出名的绘本《一生气就大吼大叫的妈妈》，它讲述了一只可爱的企鹅宝宝和妈妈之间的非凡经历。

企鹅宝宝说：

"今天早上，我妈妈发脾气，冲着我生气地大叫。

"结果，吓得我全身都散开飞跑了……

"我的脑袋飞到了宇宙里,我的肚子落入了大海里,我的嘴巴插在了高山上。

"最后发脾气大叫的妈妈又将我找了回去,将我修补好。

"妈妈跟我说'对不起',我也原谅了妈妈。"

这个故事清楚地呈现了妈妈在吼孩子的过程中,孩子的心理状态。

在父母吼叫中受伤害的孩子,内心会充满恐惧,甚至会瑟瑟发抖,他们靠着天马行空的神游来逃避令人恐惧的现实世界。

孩子的内心很柔弱,而且小小的他们总是会犯错。

孩子常常愿意原谅"暴力父母"的过错,相信父母是心情不好,不是不爱他。

孩子永远善良地站在父母的立场上理解父母,而我们呢,是否也应改变一下说话的方式呢?

有一个妈妈在朋友圈分享她的想法,说:"亲生的就是亲生的!上一秒钟刚刚被我吼,下一秒又在我怀里叫妈妈。"

孩子总是那么轻易地原谅父母。

如果你吼了同事或者其他亲戚,没一段时间,你们肯定是修补不好关系的。有的还因此反目成仇。

也许正是因为能这样轻松地获得孩子原谅,所以很多父母就总是自觉不自觉地吼孩子!

吼孩子是一种病,得治!

治疗这种病,有个特效药,就是"可以吗"这三个字。

当你想让孩子做什么的时候,用平等协商的语气可以吗?

第三章 情感

当然可以,它还会收到神奇的效果。首先,在平等的气氛中,孩子受到了尊重;其次,在回答问题的时候,这是一种自主的感觉,我去做,是我的决定。面对父母的请求,孩子不忍心拒绝,一般情况下,他都会答应,并且努力去做好。

用"可以吗"的方式,请求孩子去做某事,与用吼叫的命令方式叫孩子做某事,孩子去做的概率与做好的概率,前者都远远大于后者。

试想,当你在家做饭时,忽然发现没盐了,这时候,孩子在客厅里,你会怎么样呢?你一般会大吼:"儿子,快点,去楼下小卖部买包盐,急着用呢,快点!"儿子听了之后,是什么反应呢?他心里会不舒服,为了宣泄这种不舒服,他甚至会说,为什么不让爸爸去呢?

让我们换种说法试试,你说:"儿子,妈妈在做饭,没盐了,你去楼下小卖部买包盐,可以吗?"儿子听了这句话之后是什么反应呢?他心里会很舒服,他受到了尊重,他体会到自己是家庭的一员,他有责任去做点事,于是他会飞快地去买盐。

"可以吗!"多么神奇的三个字,是幸福沟通的超级核武器。它包含着对生命的尊重,还包含着弱小生命自主意识的成长,更包含着面对多样性选择的智慧。

在养育孩子的路上,我们要学会善待孩子。

其实也是善待内心的那个自己。

当你平和安宁,孩子也会幸福快乐。

第四章

行　为

正确解读孩子的行为

一个四岁多的孩子在家里玩，玩得正高兴，忽然他想上厕所。平时他会自己到卫生间，但是今天不知怎么了，一时兴起，他跑到爸爸的书房，在书桌上尿了大大的一泡尿。爸爸发现了，在他屁股上打了两巴掌。孩子哭了，爸爸还在不依不饶地教训他："你这孩子，是怎么想的，为什么在房间里方便，你不知道去卫生间吗？"

另一位小孩子每天睡觉前都要刷牙，爸爸妈妈也很为她的好习惯骄傲，逢人就说，"你看我的孩子，天天刷牙"。可是突然有一天，孩子不想刷牙了，即使是妈妈帮她把牙膏挤好，拿着牙刷走到她身边，孩子也不接，抱着双臂，皱着眉头,并紧紧地闭上了嘴。妈妈威胁、恳求、用牙刷刷她的嘴唇,但是孩子就是一直紧闭着嘴。最后,妈妈实在没有耐心了,就啪啪打了她两巴掌。

这两个孩子做出错误的行为了吗?看上去是。大多数父母都经历过类似的情况。

事后,家长也认为,打孩子不对,也很后悔。但是,当时也真是生气,没有其他的办法,只能打他,让他长心。

孩子的错误行为实际上透露出一个孩子对自己和生活潜在信念的丰富信息。当你的孩子出现错误的行为时,他是在以他自己的方式告诉你,没有归属感,没有安全感,他感到丧失了信心。当你学会破译这些信息时,你会发现你回应孩子的行为也将会改变。

古人说得好:了解一个人,要听其言,观其行。孩子的心智发育还不太健全,语言表达还不准确,听其言自然就不太准确,剩下的就是观其行了。因此正确地理解孩子的行为,就显得特别重要。

你必须理解孩子为什么会做出这种行为,他想达到什么目的。

你只有正确地解读了孩子的行为,才能更好地理解孩子,更好地教育孩子。

心理学家德雷克斯说过,一个行为不良的孩子,是一个丧失信心的孩子。当一个孩子丧失信心时,他们会为自己的行为选择错误的目的,之所以是错误的目的,是因为他们有错误的观念。

那个在爸爸书桌上撒尿的小孩,也许是爸爸好久不和他一起玩了,他对爸爸是否爱他没有信心,所以他想用这种方法引起爸爸的注意。结果,他选择了错误方式,遭到了爸爸的惩罚。

那个不刷牙的小孩,也许是想表现一下独立的自我意识,她不想天天做妈妈让她做的事情,她厌烦了妈妈天天的唠叨,她逐渐失去了对自己的信心,她想做自己想做的事,找回自信的自己。结果,她选错了方案,遭到了妈妈的责罚。

孩子们意识不到自己的错误观念,如果你问孩子为什么做出错误行为,他们会说不知道,或者会给出一些其他借口。每个人都想变得优秀,获得别人的关注,这没有什么错,问题是孩子用了一种让人生气的方式来寻求这种满足,就错了。

家长需要引导孩子用符合社会规范的方式或者令人愉快的方式来获得关注,实现自我成长。

正确理解孩子行为的目的,是引导孩子改变行为的关键。同时更为关键的是,在教导孩子改变行为之前,家长应该先学会控制自己的行为,你不能不假思索地对孩子的行为做出反应,你要学会经过深思熟虑,彻底搞清孩子的行为目的之后,再做出反应。

不听话的孩子

凯利放学后,按照惯例,先去写作业,大约一个小时完成了作业,随后她让妈妈检查,妈妈检查后对结果也十分满

第四章 行为

意。这时候,凯利对妈妈说:"我去找邻居的小朋友玩,可以吗?"妈妈说:"可以,你去吧,只是不要玩得太晚,玩一个小时就回来。"凯利听了高兴地答应着,就跑出去了。

时间过得真快,一个小时过去了,凯利并没有按时回来,妈妈觉得凯利失约,就有点生气,心里想,等她回来后,要狠狠地批评她一顿。又过了半小时,凯利还没有回来,妈妈憋不住了,就打电话给邻居家,让她回来,可是邻居家大人说凯利压根就没来,没在他们家。

这一下,妈妈有点慌神了,心想:这孩子自己跑哪去了,出去玩吧,还撒谎,说去邻居家找小朋友玩,真是胆子越来越大了。妈妈越想越气,心想回来后非揍她一顿不可。又过了半小时,她还没回来,妈妈有点害怕了,于是赶快出去找,找了好几个地方,总算找到了。

当妈妈找到孩子的一刹那,妈妈像火山一样爆发了,上去就是两巴掌,大声喊道:"你知道不知道,吓死妈妈了。"凯利低着头,一动不动。

她是宁肯挨打,也愿意换来自由玩耍的时间。

孩子不听话,还骗妈妈,真是太可气了,面对这样的孩子,妈妈怎么能不生气呢?

是呀,面对孩子的失信、不听话、叛逆等不良行为,妈妈有理由生气。可是,你要知道,有时候正是大人的生气,阻碍了孩子的成长。

孩子的每一次不听话,每一次叛逆,都是孩子自我成长的表现。他不想事事都听你的,他想成为他自己。他开始将自己作为一个独立的个体与你分离,或者他在尝试有自己的想法。你的孩子可能正在经历一个正常的个性化过程。

孩子毕竟是孩子,他在成长的过程中,因为心智尚未成熟,他只考虑自己,没有考虑到家长的心理感受,于是激怒了你,你生气地吵他、骂他,还可能打他。结果,把他的成长之树给折断了。

所以,当孩子对你说"不"时,当孩子对你撒谎,当孩子表现叛逆的时候,你的心里应当高兴,高兴你的孩子在成长。这时候你的语言应当表现为接纳,接纳孩子的不配合;你的行为应当表现为帮助,帮助他找到一个既不让家长生气,又能实现自我成长的方法。

其实,凯利妈妈如果控制一下自己的情绪,告诉孩子,到哪里去要告诉妈妈,否则妈妈就会担心害怕;邻居家没人,可以先回来告诉妈妈一声,再去找另外的同学玩。凯利听后,一定会知道自己错在哪里,下次会在自主的基础上加上自律。如果这样处理这个问题,孩子的成长不但不会被打断,而且还会加速。

不听话、叛逆,是每一个家长都遇到过的问题,孩子在一次次的叛逆中,表现着自己的成长。我们家长要有理解孩子叛逆的觉悟,我们家长有责任帮助孩子找到一种方法、一种形式,在实现自我成长的过程中,让我们家长感到愉快。

受伤的孩子

有个小男孩,妈妈让他回家写作业,他当时答应了。可

第四章 行为

是当妈妈7点钟到家的时候,发现孩子还在看电视,书包扔在一旁,根本就没有打开。这时妈妈就有点生气了,催促孩子赶紧关上电视去写作业,并提醒孩子已经答应妈妈回家先写作业,不能说话不算数。孩子动也没动地说:"好,我知道了。"但是孩子的眼睛继续盯着电视,依然没有动。过了10分钟,看到儿子还在看电视,妈妈的声音就提高了,让孩子赶紧把电视关上去写作业,再不写就来不及了。孩子依然没有动。快到7点半的时候,孩子仍然没有离开电视的意思,这时候妈妈就怒了,跟孩子吵了起来,妈妈说:"你答应我回家先写作业,可是回来就看电视,而且我提醒你三四次了,你还纹丝不动。"孩子说:"妈妈,求求你了,你就让我把这点看完吧。"妈妈很生气,直接把电视关了。孩子爆发了,他说:"我差一点就看完了,你就不让我看,成心跟我过不去。"妈妈正在气头上,说:"你要是老是这样管不住自己的话,这个电视还不如砸了。"孩子说:"砸就砸。"于是孩子拿起遥控器砸到电视上了。这时妈妈傻眼了,伤心极了。

从这个例子中,我们可以看出来,妈妈并没有什么大错,妈妈说孩子几句,他就真的把电视砸了,这绝对是孩子的不对,孩子的行为突破了正常的边界。

然而从更长的时间尺度来看,就不一定是这样了,有可能长期以来,妈妈一直对他采取高压政策,今天的这件事,只不过是一个导火索,引爆了孩子心中积累已久的怨气。

每一个孩子的坏,都不是无缘无故的,都是孩子受伤在先。孩子为了出这口恶气,迫使自己变坏。当然,孩子的受伤，很可能是在家长无意识的情况下进行的。哪个孩子不是家长的心头肉呢？哪个家长又愿意伤害自己的孩子呢？

可孩子毕竟是孩子，他还没有长大，他的心智还不健全，当孩子感觉受到伤害时，他本能地认为，没有人爱他，他只有去伤害别人，想用这种方法来保护自己。

当父母纠正他的行为时，孩子会以强烈的不当行为或方式做更进一步的报复。

这时候，父母也深深地受到了伤害，并且会以更强烈的方式还治其人之身。当这样的循环形成时，在父母和孩子之间就形成了一种互害的关系模式。

当父母意识到他们进入这种互害的循环当中时，父母要立刻停止自己的行为，小心地体会孩子的情绪，避免惩罚，不再以其人之道还治其人之身。要让孩子感觉到他是被爱的，努力建立起彼此信任的关系，只有这样才能打破恶性循环，进入良性循环。

凯利在学校上课的时候，开始还是挺乖的，但是不一会儿她就开始说话了，老师提醒她以后，凯利虽然安静了一会儿，可没过多久又开始踢桌椅，老师再次提醒她要遵守课堂纪律、要安静。

当老师提醒凯利三四次以后，她依然我行我素，老师就很生气，让凯利到教室前面站着。凯利到前面站着的时候老师继续上课，结果发现全班同学哄堂大笑，扭头一看，凯利正在做鬼脸，她把脸、鼻子、眼睛揪成各种样子，逗大家笑。

老师命令凯利脸朝墙站着，不一会儿，凯利往前一倒，

"咚"的一声，头就撞到墙上，全班同学大笑不止，课堂秩序被彻底扰乱了。

凯利为什么三番五次地违反纪律？原因是她以前受到过多次伤害，现在她想报复老师。

很多有不良行为的孩子以前一定受到过伤害，而且是不止一次地受到伤害。他是那样的无助，为了保护自己，为了证明自己，小小的年纪就只能靠自己的力量来撑起自己的天空。面对这样的孩子，父母能做的，只有加倍地爱，才能弥补我们的错误。

佛系孩子与抑郁症

有一个故事曾经广为流传，说的是一个渔民在海边晒太阳，这时一位绅士走过来对他说："天气这么好为什么不去捕鱼呢？"

渔夫说："先生，捕鱼干什么呢？"

绅士："捕鱼你就能挣很多钱啊！"

渔夫说："挣钱又为了做什么呢？"

绅士："挣钱你就可以买一艘更大的船。"

渔夫："先生，买大船又做什么呢？"

绅士："这样你就可以打更多的鱼，挣更多的钱。"

渔夫："那又能怎么样呢？"

绅士："这样你就可以像我一样，在海边晒太阳了。"

渔夫说："先生，我现在正在这样做的，在海边晒太阳呢。"

听了这个故事后，好长一段时间，我都觉得其中逻辑无懈可击，虽然无懈可击，但总觉得哪里一定出了问题。我是一个相信奋斗的人，而这又是一个不思进取的故事，难道不思进取对个人的最终目的意义，能够超过艰苦奋斗吗？

后来，在现实生活中，我不断遇到许多像那个渔夫一样的孩子，他们没有追求，满足现状，不思进取，这就是所谓的佛系孩子。这些佛系、不思进取的孩子都是自我软弱的孩子，都是遇到困难不知所措的孩子。对于个人而言，人生最大的意义就是快乐与幸福，而最大的快乐与幸福来源于对困难的克服。

我逐步明白了，渔夫失去了奋斗目标，也就失去了快乐与幸福，他和绅士一样在晒太阳，但绅士感到的是快乐幸福，渔夫只能体会到单调与乏味。

一个无所追求的佛系孩子，只是想表现快乐，但实际上，他是不快乐的，他退缩到了自己狭小的空间，窝居着，每天面对着自己，面对着内心挣扎的自己。

当孩子感到非常沮丧的时候，他觉得他在"正常的、好的"社会丧失了地位，他干脆真的就彻底放弃了。因为他想反正自己再怎么努力也没有用，终究是要失败的。他的自我概念逐渐被破坏，于是他放弃一切有建设性的尝试，转而寻求无助的方法。他会用"我没有办法，我无能为力，我天生就是这样的"等借口来保护自己，使别人不再对他有任何期望，他可以借此来逃避责任，免受责罚。

佛系孩子的自暴自弃其实不是突如其来的，而是有个转

第四章 行为

化过程,并逐渐形成的。佛系孩子还有一点尊严,他内心还是向往好的,但是如果不及时干预并作出相应的调整,下一步就可能逐步演变成"习得性无助"。"习得性无助"会让孩子真正放弃所有努力,逐步对所有事情都失去信心,觉得自己做什么都不行,强行给自己贴上"我是一个没用的人"的标签。再进一步发展的话,就是抑郁症了。

当遇到一个佛系孩子时,父母应立即停止批评,并开始尝试肯定孩子的努力,打开自己心中的放大镜,积极寻找孩子的点滴努力和闪光点,逐步鼓励孩子找回自信心。

有一个女生,在小学很优秀,成绩一直名列前茅,各种兴趣班的奖状也是多如牛毛。小升初时,她顺利地考上当地一所顶尖的中学。

这个学校的学生,都是各个小学中的佼佼者,原来每个人在自己的小学可能都是第一名。但是,到了这里,一个班50多个人,第一名只有一个,大多数学生都面临着与小学相比在名次上出现退步的现实。

我遇到的这个女生,也是这样,第一次考试,就排到了班里的中下游。从那以后,无论她多努力,都无法进步一名,反而越来越退后。终于,在初二的时候,她崩溃了,她不想再努力了。她开始表现出另样的追求,她对父母说:"她不想学习了,学了也没什么用。"平时在生活中也没有了激情,妈妈说什么,她的口头禅就是"都行,可以"。她从不顶嘴,就是没有活力,妈妈相当发愁,不知道该从哪里下手。我给妈妈的建议是:第一,拿着放大镜,找孩子的闪光点,让她有成就感；第二，无条件接纳孩子，给予孩子持续不断的爱，这是孩子的原动力；第三，定一个学习小目标，努力实现把握大的目标；第四，找一个好老师，教给孩子好的学习方法，提高她的学习效率，让她在竞争中有所进步。

妈妈很明智，经过一段时间，孩子终于重新燃起了生活的激情。

佛系孩子，把握不好，就会自暴自弃，走向灰暗；反之，他会重拾自信，走向光明。

面对孩子的错误行为

很多家长见不得孩子犯错，只要孩子一犯错，就是一顿批评。孩子不与人打招呼时，家长会说："怎么这么没礼貌，连个阿姨都不会叫呀！"孩子忘带作业了，家长会说："总是丢三落四，不知道带作业呀！"孩子做错题了，家长会说："这么简单都不会，你笨不笨呀！"孩子做错事了，家长会说："你怎么什么都不会做，我像你这么大时，都能上街买菜了。"诸如此类的话还有很多。

此时，孩子早被数落得垂头丧气、信心全无。当孩子承受不了、开始辩解时，家长又会衍生出很多的牢骚。有些家长会变本加厉地喊："你还敢顶嘴，看我怎么收拾你！我说你还不听，反了你了，看我怎么教训你！"

不管孩子如何表现，都会受到家长更为严厉的批评。这种做法长此下去，很是危险。孩子做错事时，往往会表现出

第四章　行为

"难过、痛苦、不安、自责,甚至感到耻辱",这是每一个有自尊、想上进的孩子的心态,但如果每次他都受到严厉的批评,久而久之,孩子就不再难过、自责,而形成反抗与报复行为,表现出巨大的叛逆。

孩子知错不改,问题越来越严重,根源多是因为家长过多的批评。当孩子犯错时,我们的所作所为是为了教育孩子,而不是为了批评孩子。

教育孩子就是要给孩子提供帮助,孩子需要的是包容与支持;批评孩子是家长发泄自己的情绪,孩子受到的是伤害与压迫。

孩子毕竟是孩子,他的心智等各方面都还发育不成熟,很多时候,家长忘记了孩子还是孩子,当孩子犯错的时候,全然是忘我的批评与指责,忘记了帮助与支持。

面对孩子的错误行为,家长首先要默认孩子是无意的,孩子是无知的,他需要家长给予温情的帮助。只有这样,孩子才能更好地纠正错误行为,变得越来越好。

我国著名教育家陶行知先生,有一次在校园里看到一个男生用泥块砸班上的同学,当即制止了他,并命令他放学后到校长室。放学以后,这位同学来到校长室,已经做好了挨训的准备。可是陶行知先生却笑着掏出了一块糖给他,并说:"这是奖给你的,因为你按时来到这里,而我却迟到了。"这个男孩很惊讶地接过糖果,陶行知又拿出一块糖给他,说:"这块糖也是奖励你的,因为我不让你再动手打人的时候,你立即停下了,说明你很尊重我。所以,这块糖我应该奖励你。"这个男孩更加诧异了。这时,陶行知掏出了第三块糖,说:"今天你的行为我调查过了,你用泥块砸那些同学,是因为他们不遵守游戏规则,欺负女同学。你砸他们说明你正直善良,有与坏人做斗争的勇气。所以,我更应该奖励你啊。"听完校长的话,这个孩子已经泪流满面后悔地喊道:"陶校长,我错了,我砸的不是坏人,而是自己的同学呀!"陶行知校长满意地笑了。他立即掏出第四块糖放在这个男孩的手中,说:"因为你能正确地认识到自己的错误,我再奖励你一块糖。但是这是最后一块糖了,我的糖送完了,我们的谈话也结束了。"

面对孩子的错误行为,陶行知真正做到了帮助与支持。很多时候,孩子考试成绩不理想,家长就会批评、训骂甚至打孩子,可是你想过没有,孩子他愿意考差吗?他不想考试成绩好点吗?考得差了,这时候孩子需要的是帮助和支持,不是批评和指责。为了提高孩子成绩,你又能帮助孩子做些什么呢?这个你考虑过吗?有了帮助孩子提高成绩的想法后,你还会生气吗?

面对孩子的错误行为,家长需要做的,是控制住自己的情绪,客观地评价这个事情,讨论具体的措施,帮助孩子改进提高,让错误真正成为孩子成长的机会。

面对孩子的优秀与进步

中华民族是一个含蓄的民族,我们不善于表扬别人,也

第四章 行为

不善于接受表扬，我们一直认为谦虚是一种美德。改革开放带来了中国经济的繁荣，同时也带来了教育的革命。我们的家长开始热烈地拥抱"表扬与赞美"，希望通过赏识教育，培养出更加优秀的孩子。但是，实践的结果，却令人非常失望。在一片赞美声中长大的孩子，心理承受能力太弱。遇到一点挫折，就会崩溃。只能接受表扬，不能接受批评。

我遇到过好几个初二退学的孩子，小学时还算比较优秀，在赞扬声中长大，一进入初中，相对落后了，就无法接受。经过初一一年的煎熬，到初二，终于忍受不了，内心崩溃，退学了。

针对这种情况，有位教育专家提出了"少表扬、多鼓励"的教育原则。他在自己的著作中这样写道："当我们表扬孩子聪明、真棒时，等于是在告诉他们，为了保持聪明、真棒，不要冒可能犯错的险。受到表扬的孩子在遇到其他困难时，会为了保持看起来聪明而躲避出丑的风险。孩子接受的表扬越多，就越会关注结果；当孩子执着于结果时，结果就会变成他的欲望；当孩子为结果担心时，就会变得焦虑或恐惧。"然后，专家得出结论：孩子不太需要表扬，孩子需要的是鼓励。

为了论证这个结论，专家拿出全球最大的教育单项奖——丹奖的获得者，斯坦福大学德韦克教授的实验来证明。教授做的实验是：首先，研究人员每次从教室里只叫出一个孩子，进行第一轮简单的智力拼图智商测试。几乎所有孩子都能相当出色地完成任务。每个孩子完成测试后，研究人员会把分数告诉他,并说鼓励或表扬的话。研究人员随机把孩子们分成两组:一组孩子得到的是关于智商的夸奖,即表扬,比如"你在拼图方面很有天分,你很聪明"。另一组孩子得到是关于努力的夸奖,即鼓励,比如"你刚才一定非常努力,所以表现得很出色"。

随后,孩子们参加第二轮拼图测试,有两种不同难度的测试:一种较难,但会在测试过程中学到新知识;另一种是和第一轮类似的简单测试。孩子们可以自由选择参加测试。结果发现,在第一轮中受到鼓励的孩子,有90%选择了难度较大的任务。而被表扬为聪明的孩子,则大部分选择了简单的任务。接着,又进行了第三轮测试。所有孩子参加同一种测试,没有选择。这次测试很难,是初一水平的考题,孩子们都失败了。在测试中,被鼓励的孩子非常投入,并努力用各种方法来解决难题,他们认为失败是因为他们不够努力,其中有好几个孩子说:"这是我最喜欢的测验。"而被表扬为聪明的孩子,在测试中一直很紧张,抓耳挠腮,做不出题就觉得沮丧。他们认为,失败是因为他们不够聪明。

最后,第四轮测试,题目和第一轮一样简单。被鼓励的孩子,在这次测试中的分数比第一次提高了30%左右。而被表扬的孩子,这次得分和第一次相比,却退步了大约20%。

德韦克教授的实验结果表明:夸奖孩子聪明,不仅不会增加孩子的自信,还会削弱孩子的抗挫折能力。表扬聪明,实际上是暗示了人的能力是相对固定的,是天生的;表扬努力则暗示着人的能力不是固定的,我们可以通过努力来提高

第四章 行为

自己的能力。

改革开放四十多年，中国人在表扬孩子的问题上走过了"过度谦虚——表扬——优化表扬"的道路。现在，我们都知道，要多表扬孩子的努力，少表扬孩子的聪明，我们这样做，就完全正确吗？不，这同样不是表扬的最高境界。

当我们碰到孩子表现优秀时，不表扬其聪明，而是表扬其努力。我们会这样说："你刚才一定非常努力，所以表现很出色。"这句话有问题吗？当然有问题。因为努力不努力，是对孩子的一个主观感受，我们夸奖孩子努力的时候，如果孩子自己并没有努力的感觉，孩子会觉得评价与自己的实际情况不相符，就相当于作弊了，他心里会不舒服。他自然会说："哪里，哪里，这是老师教得好。"

他的反应可以看作谦虚，但谦虚会把表扬传递给他的能量反弹回去，从而削弱了表扬的作用。那什么样的表扬才是最高水平的表扬呢？什么样的表扬才不容孩子反驳呢？如何让他把表扬的能量全部吸收进去呢？这样的表扬就是把表扬本身事实化。也就是不要做主观的评判，而是弄明白你表扬的那个具体的行为是什么，然后把它描述出来，就够了。

有个三年级小学生，每次写作业都要花三四个小时，妈妈为此焦虑得不得了，也痛苦得不得了。来到我这里之后，第二天，他的作业比第一天提前了半小时完成。我对他说："你今天来了之后，立刻开始写作业，中间有不写的时候，老师一提醒，你就立刻重新写了。你看，今天你提前半小时完成作业。好了，现在你可以回家去玩了。"我这样说，看起来是在说一个事实，实际上是在释放一个表扬。孩子知道他做对了什么，他会继续保持。这样，我的表扬的能量，被他全部吸收了。

回到家里，他妈妈的反馈也非常好，他妈妈对我说，孩子到家，给她说，以后争取更快地写完作业。最后，特别提醒，描述性表扬，并不是一剂立竿见影的特效药，而是一种潜移默化的方法，需要你长年累月的坚持。时间久了，你就会发现，你的孩子，你的整个家庭，都变得积极了。

理解顽固

小朋友们在成长的过程中，总会遇到一些问题，比如：学习不主动；注意力不集中；磨蹭拖拉（主要表现在起床、吃饭、写作业、睡觉等方面）；粗心大意、丢三落四（抄错题等）；畏难情绪、遇到困难容易放弃、找理由；不能批评，只能表扬；胆小退缩、不敢表现自己；做错事、不认错、找客观理由、推卸责任；没有上进心、总和比自己弱的同学比；人际交往能力弱、不会和同龄人交往等。

家长每每遇到这些问题时，就会很生气，特别是当家长不断指出其错误时，孩子则无动于衷，反而不断犯错，家长就会更生气，更愤怒，直到暴跳如雷。家长愤怒的背后逻辑是什么呢？那就是家长想当然地认为，孩子改变自己的行为是很轻松的事，只要经家长一提醒，孩子就能意识到错误，就能立刻改正错误。这个逻辑对吗？当然不对，不但不对，

第四章 行为

而且大错特错。

我们单位有个胖子，中午在一起吃工作餐，大家总是对他说，少吃点，该减肥了。他总是笑着对大家说："必须要减肥，吃饱了，就有劲儿减肥。"同事们与他天天聊减肥，他也天天说减肥，直到有一天，突然传来消息，说他不在了，晚上心脏病突发走了。

看到了吗？有的人宁愿付出生命的代价，也不愿意改变他自己的不良行为。

作为家长，必须理解，孩子的错误行为改起来是十分困难的，孩子想改，但是他自己无法控制自己的行为，他是真的需要外在力量的帮助。

我们的内心并没有一个能够决定自己行为的"最高决策人"，相反我们的心理被分成多个部分，每个部分都有自己的主意，甚至有时候各个部分间的意见还彼此冲突。

在心理的各个组成部分中，有一部分是我们内心的自动化系统，包括内心感觉、本能反应、情绪和直觉等，心理学家把这一部分比喻成一个大象；而内心的另一部分就像骑在大象背上的骑象人，他能进行各种理性的思考、提出理性的要求，但是却无法完全控制大象的行为。

骑象人的理性更像是大象的顾问，如果大象真的想做什么，骑象人根本斗不过它。所以苏格兰哲学家大卫·休谟才说："理性应该只是激情的奴隶，除了服从之外，没有其他可能。"他的说法可能有点绝对，这也解释了为什么你给出了孩子前进的方向，但孩子却总在原地打转。仅仅靠知道和下决心，是改变不了内心的行为的。

新学期开始了，小明放学回家，写作业依然拖拉磨蹭，如果是在以前，妈妈会劈头盖脸地一顿吵，"说你多少次了，还不快点写作业"等。可是现在，妈妈不想这么做了，因为她知道孩子改变这个行为，确实是有困难的，不是孩子不想改变拖拉的毛病，而是他内心的大象太强大，孩子这个骑象人无法撼动大象的轨迹。

妈妈知道了，孩子这时候最需要的是帮助，帮助自己的孩子驯服心中的大象。于是妈妈接受了孩子的拖拉，没有吵他，更没有骂他，而是平静地旁观、思考。妈妈的平静，给了孩子力量，从这一刻起，孩子的改变开始了。

接受你的孩子的不良行为，平和地对待你的孩子，你就给了孩子宁静的力量，你就给了孩子战胜内心大象的力量。接受就是改变的开始。

挖掘行为背后的假设

前几天，我给学生上课，课后一个学生问我："我妈很唠叨，我该怎么办？"唠叨这个话题很古老，但一个小学生给我提这样的问题，我还是觉得很新鲜，就问他："你怎么觉得妈妈是在唠叨呢？"

他说："每天早上起床的时候，妈妈都会说：'起床了，快点，要迟到了'；刷牙的时候，她会喊：'快点刷牙，要迟到了'；吃饭的时候她会说：'快点吃，要迟到了'；出门的

第四章 行为

时候,她又会说:'上课认真听讲,积极举手发言'。妈妈每天都是这样,早上一起来,就制造紧张气氛,让我感到烦躁。"

后来我专门找到孩子的妈妈,询问情况,她不好意思地低下头,说:"老师,我也知道唠叨不对,可是我是个急性子,就是憋不住,你说我该咋办?"

关于这种唠叨的情况,我又问了另外一个妈妈,她的回答是:"不唠叨行吗?天天喊破嗓子还不能按时起床,要是不唠叨了,不喊他了,他非睡到上课不行。"

这两位妈妈对唠叨的认识是不同的,第一位妈妈真的认为自己错了吗?是真的,也不是真的。说她是真的,是因为在意识层面,她确实认为自己错了,但是她被心中的大象所牵引,无法做出改变;说她不是真的,是因为在潜意识层面,她和第二位妈妈一样,认为唠叨是有用的,这也是大象原地打转的原因。

我们为什么总是固执地坚持一个行为,不去改变呢?因为我们行为的背后,往往隐藏着一些重大假设。辨识出这些内心的假设,是让行为发生改变的第一步。通常这些假设都藏得很深,一般会把这些假设当作常识,而成为自动化反应。

但是,一旦它们被看到,被带到意识中经受理性的拷问,它们对人心理的隐形操控力就被打破了。原本根深蒂固的信条,真的就是一个假设而已。说出这个假设的一刻,人们经常会恍然大悟,又会觉得奇怪,这么简单的事情,怎么现在才发现它?

妈妈为什么一直在孩子起床、刷牙、吃饭等环节唠叨不休呢？因为在这个行为背后，妈妈的假设是唠叨很有用。我们要对这个假设进行拷问并彻底击碎它，妈妈才有改变自己行为的可能。唠叨是有用的，如果不叫孩子，他一定会睡过头，上课迟到。但是长期看，唠叨又是无用的，孩子不会因为你的唠叨按时起床。

所以，在起床这件事上，把唠叨这个假设击碎，应当是长期效果。唠叨，对教育孩子来说是没有用的。那该怎么办呢？既然唠叨不管用，妈妈们不妨试试别的办法：早上，让孩子自己起床，不能按时起床，也不管他，迟到了就迟到了，让孩子接受不按时起床的后果。如此这般几次，他自然会按时起床。长期看来，不管孩子起床，就是最大的最有用的办法。当妈妈真正明白了这个道理后，也就开始走向不再唠叨的旅程。

孩子总是长时间看手机，家长总限制孩子看手机，在手机这个问题上，那真像是猫抓老鼠，家长和孩子之间就如同一场战争。为什么孩子不听话、不改变呢？因为，在孩子内心深处，不认为看手机真的有害。相反，手机会给他带来巨大的好处。要想让孩子少看手机，家长首先要做的，必须与孩子深度交流，挖掘出孩子对手机的看法，对这个看法进行拷问，直到孩子真正认识到长时间看手机的危害时，他才能改变。

当我们想让孩子改变时，就要考察一下，孩子现在行为背后的假设是什么，把假设呈现给孩子，帮孩子把原有的假设击碎，建立一个新的理念，孩子的改变就开始了。

接受与小步子快跑

戒酒，是极其困难的。忽然有一天，我听说世界上还有一个"匿名戒酒者协会"，这个协会是1935年在美国成立的，共有多达1000万人在这里成功戒酒了。现在，每年有210万人到这里寻求帮助，协会的运作也显得尤为重要。

我对此感到非常奇怪，奇怪这个协会是怎么帮助人们改变的，改变一般的行为就已经够困难的了，更何况他们是在改变"酒鬼"的行为。为了揭开这个谜，我特意上网搜了一下，找到了他们的十二个步骤。

第一步，我们承认，在对待酒瘾的问题上，我们自己已经无能无力——它使我们的生活变得一塌糊涂。

第二步，认识到有一种超于我们自身的力量，它能让我们恢复正常心智。

第三步，决定将我们的愿望和生活托付给我们各自所理解的"上苍"照管。

第四步，做一次彻底、勇敢的自我品德反省。

第五步，向"上苍"、向自己、向他人承认自己错误的实质。

第六步，做好让"上苍"除掉我们一切缺点的准备。

第七步，谦逊地请求"上苍"除去我们的缺点。

第八步，列出曾经受到我们伤害的人的姓名，自觉愿意向每一个人承认错误。

第九步，在不伤害这些人和其他人的前提下，尽可能地向他们弥补过失。

第十步，不断地检讨自己，只要做错了事，就立即承认。

第十一步，通过祈祷和冥想，增强与我们所理解的"上苍"的交流。只求理解他对我们的旨意，并获得遵照他的旨意去做的力量。

第十二步，在实行这些步骤并获得精神上的觉醒后，设法将这一信息传达给其他嗜酒者，并在一切日常事务中贯彻这些原则。

我详细列出了他们的十二步骤，我特别感慨于第一步，就是自己承认在对付酒精这件事上，他们自己已经无能为力了，为了改变它，不去否认它，而是接受它。让自己对这件事放松警惕，不再注意你控制不了的事情上了。其次，让人们把目光聚焦于他们能控制的事情上。最后，他们把改变的过程分解成十二个步骤，一步一步地升级，每次升级的幅度也不大，会员并不感到困难。于是，就一步一步地走向了成功。

我想，从戒酒者协会这个事情上，我们可以看出，改变的方法，那就是——改变从接受开始，然后小步子快跑。我们想要改变什么，就要接受什么；只有接受，才会使情绪放松，形成安全的环境，才能生发出动力和步骤，才能进一步地改变。

孩子写作业拖拉，是很多家长的心病，想改变这种状况吗?请参照戒酒者协会的智慧。第一步,接受。孩子和家长都要接受拖拉的现状。第二步,把这个过程分解,分解成小动作,这样就不难了。有个专家对这个过程进行过详细分解,一是写快;二是写工整;三是写正确。通过这样一个分解动作,她十年间治好了3000多名孩子的作业拖延症。

亲爱的家长们,还有哪些不良行为需要纠正呢?你是不是也想了解这个小步子快跑原理呢?

纠正孩子的不良行为,从接受他的不良行为开始,然后,我们需要开动脑筋,分解出若干简单易行的步骤,让孩子在执行的过程中不感到困难,从而实现改变。

帮孩子营造一种学习的氛围

世界著名大学哈佛大学有一项新生入学的自发活动——裸奔。每年冬天,在期末考试前一天,大一的学生们都会聚集在一个叫莫尔大厅的地方,然后脱光衣服,在校园里一边狂奔,一边尖叫。学生们还给这个活动起了个名字,叫"原始尖叫仪式"。

有一个大一新生面对本次活动,他先是特别震惊,然后又特别兴奋。他想,人这一辈子,能有几次机会在哈佛大学裸奔呢?大概就这一次,错过没准会后悔一辈子。想到此,他马上回到宿舍,脱光衣服,准备冲进裸奔的队伍里。

但是很不幸,由于缺乏经验,他遇到了一个严重的问题。因为回宿舍,耽误了时间,当他走到宿舍楼门口时,裸奔的大部队已经跑远了,他要是独自去追,就会变成唯一一个落单的裸奔者。结果他无论如何也迈不出这艰难的一步。

事后,这位同学一直在思考,为什么迟到的他,却迟迟不敢迈出第一步?

这其实就是环境与氛围的作用。我们常常会说一句话:"到什么山唱什么歌,见什么人说什么话。"说的都是一个道理,那就是我们人类的行为是会受到环境的暗示与影响的。

我们在教育孩子方面也应该受到这个原理的启发,如果想让孩子专心学习,那就要给孩子创造一个学习的环境,让环境暗示与影响孩子的行为。

有一次上课结束后,我问一个同学,问她回家在哪里写作业?她回答道:"不固定,有时候在客厅,有时候在自己的房间,有时候在妈妈的床边,还有的时候,会跑到厨房写作业。"

我十分惊讶地问道:"厨房也能写作业吗?"

她说:"能呀,搬两个小板凳,一个坐一个放作业。"

表面上看,她很爱学习,深入分析,这里面大多不是学习的环境,周围的氛围不会为她提供学习的暗示与影响,当然也会影响到她学习的效果。长期这样下去,可以想象,她要比其他同学的学习效果差一些。后来,我问了她在班里的成绩,果然不太好。

于是,我找到她妈妈,建议她给孩子布置一个专门的学习空间,比如在孩子的房间,放置一个书桌,书桌上只有书本等学习用品,书桌旁边的墙上,贴上与学习有关的张贴画,或者一些激励学习的话。然后要求孩子学习时固定在自己的书桌上,在这样的学习环境内,孩子一到书桌旁,就会自动地想到学习,学习的效果自然也会大大提高。

如果孩子是在作业辅导班写作业,有没有必要在家里也布置一个学习空间呢?有,当然有必要,不但有必要,而且必须。学生在辅导班的时间并不是学习的全部时间,在家里也需要有一个学习状态。比如每天早晨,是否需要晨读,每天睡觉前,是否需要再看一会儿书,对今天的所学的知识进行复习。周六、周日放假期间,在家的时间更多了,学习就更应当放到家这个主战场。所以,无论什么情况,都要在家布置一个学习的场所,让孩子在这种环境中,自动自发地学习。

当这个学习场所布置好后,家长要善加运用,这样可以让孩子提高学习效率;孩子到自己的空间学习,家长看不见他,就不用一直唠叨,学生可以更专心学习;孩子在自己的空间,家长在家长的空间,家长还可以做自己想做的事情,也不用让孩子的行为绑架家长的行为。

环境暗示影响着每一个人的行为,让环境帮助你来管理孩子的行为,设立特定的学习空间,布置特定的学习环境,让孩子自发地主动学习。

接纳恨与生发爱

有一次搞活动,有个孩子在课堂上一直捣乱,我一再提醒、劝说、警告,都没有效果。无奈我只好拿出最原始的但最有效的方法，把他请出了教室，让他一个人独自站在走廊上。我回到教室继续进行活动，活动进行得差不多了，轮到学生自由活动的时间，我走出教室，准备找那个捣乱的学生谈谈话。这时，我看到他的妈妈来了，正站在旁边板着个脸，训斥他。孩子在一旁低着头，一声不吭。

我走向前，拉住孩子的手，对那位妈妈说："好了，别吵了，让我给他谈谈话吧。"妈妈还在不依不饶地说："不行，让他说说，今天怎么了？"我是老师，妈妈当着我的面这么说，显然我觉得我的权威受到了挑战。

我就反击那位妈妈说："你爱孩子吗？"

她说："我爱呀。"

我说："你爱他还这么严厉地对他？"

那位妈妈说："正因为爱他，我才这么严格地对他。不爱他我就不管他了。"

这个论调很熟悉吧，批评你，是为了你好。孩子面对家长，经常听到这样的话。这是真的吗？告诉你，不是，这是批评者对自己的粉饰。吵也好，打也好，我们的家长不愿意承认心中对孩子的恨，所以把它说成"爱"。于是出现了很多在爱的名义下的"打"和"骂"。有些特别极端的家长，甚至能把孩子打残打死。

到那时，后悔也无用，只能自己承受那切肤的失子之痛。

如果有爱，就真实地去爱，如果有恨，就真实地去恨。家长一般都惧怕对孩子恨意的表达，因为恨意会让家长不喜欢自己，觉得是自己不好，这会破坏家长们的自恋。当家长

第四章 行为

有恨意却不承认时,就会导致一个可怕的事情,家长以为在表达爱,但其实是为了隐藏恨。正常关系有好有坏、有爱有恨——当我们的家长能完整地看待这一切时,也就拥抱了完整的关系。

只有承认恨,才能更好地生发爱。在生活中,在很多情况下,都会导致家长恨孩子,比如孩子妨碍了家长的私人生活,生个孩子是为了安抚家里的老人,因为他们需要一个孩子。孩子有时候很无情,对待爸爸妈妈就像对待一个下等人,一个不领取报酬的仆人,一个奴隶。孩子随意大小便,让父母去收拾。孩子一点也不知道父母所做出的牺牲,不知道感恩。所有这些,都会导致父母对孩子的恨意。

当恨意产生时,要敢于承认,并试着在关系中让它流走。然后,我们再去寻找爱,让真正的爱表达出来,而不是把恨说成是爱,把自己的一切攻击甚至毁灭行为都说成是出于好意。我们不是经常说一句话,"天下无不是的父母",父母怎么做都是为了你。这就是一种隐藏恨,把恨说成爱,这种行为阻碍了正常的爱的表达。

当你把恨隐藏起来,无论隐藏得多深,孩子也能听懂并且深深地感受到你的恨,所以他也会恨你。这就是为什么批评对大多数的孩子不管用,因为这背后表达的是你的恨,孩子接收的、感受的是你的恨,他会恨你,他会故意不听话,不改正错误。

接纳恨,承认恨,才能更好地生发爱,让改变自然发生。爱是喜欢,爱是包容,爱是教育,爱是用行动表达喜欢、包容与教育。爱是改变的力量,爱是改变的原因,爱也是改变的结果。孩子也许听不懂你说的道理,但它能听懂爱。他会很清楚地知道,你爱不爱他。只有爱,才会让他心甘情愿,为你上路。

让我们再来看看前面的例子。那位妈妈为什么不依不饶地批评孩子,因为她觉得孩子的行为让她丢人,所以她恨孩子,这种批评是她的恨意的真实表露。

当那位家长知道这是恨意的表达时,她就会冷静,她就会有意识地想,我要让恨流走,我要把爱传递出去。这时她就会主动去寻找爱的表达方式。

当这种心态出现时,妈妈的行为就可能会改变。当她看到孩子独自站在教室外,她会真切地体会到孩子的感受;问明原因,她会想办法帮助孩子变得更好更优秀;她会问孩子遇到了什么困难,妈妈来帮他,而不是简单地去批评指责。当家长以帮助者的形象出现时,孩子能不感谢吗?孩子能不改变吗?

只有接纳恨,承认恨,才不会把恨当做爱,才能更加正确地表达爱,才能更加正确地传递积极的正能量,才能让孩子的改变自然而然地发生。

行为要规范

一次上完课后,照例是几分钟的自由提问时间。其中有一位家长站起来问我:"孩子能打吗?"我故意卖了个关子,

第四章 行为

没有直接回答，而是问在座的其他家长："你们来说说，孩子能打吗？"结果，这个问题引起了热烈的争论。有的说能打，有的说不能打，有的说小时候能打，上初中了就不能打。

当今社会发展太快，快得让我们年轻家长在教育孩子问题上无所适从，不知所措。三十多年前，我们上学的时候，家长送孩子去上学，统一的口径是："老师，这孩子交给你了，严格管教，该打就打。"老师都可以打学生，那就更不用说家长了。问问上一代人，有谁没有挨过家长的打？

真是三十年河东三十年河西，现在老师已经达成共识，不能打孩子，因为那是体罚。现在理念已经深刻地影响到家庭，就连家长能不能打孩子，都成了一个问题。

那到底能打不能打孩子呢？我给出的答案是能打，但只能是温柔的惩戒，这和以前的打不同。以前的打是家长生气，立刻就打，孩子在挨打之前不知道他的行为会挨打；现在家长与孩子之间可以约定，行为越轨之后的惩罚是挨打，也就是提前告知孩子哪些行为是不可以的，如若违反就要接受惩戒。

传统教育过多地压抑了个性的发展；在现代社会，解放人性、提倡主动、自主、自我发展占据了教育主流。一时之下，赏识教育、快乐教育、表扬与鼓励成了"正确教育"的代表。但是，人是社会的人，虽然现在已是自由、民主、平等的社会，并不代表一个人想干什么就干什么，他的行为必须以不伤害、不妨碍他人为前提。

从人际关系的角度看家庭教育，孩子的行为是有界限的，这种界限意识与界限规则，既是对别人的尊重，也是对自己的约束。这些需要家长告知孩子，界限是不能越过的，它是铜墙铁壁，只要孩子撞上去，就会头破血流。只有这样，他才能知道自己该怎么做。

我经常带着小女儿跑步，跑步是一项耐力运动，有时候她不想跑，但是跑步是家长对她的一项要求，所以双方约定，她不能随意地想跑就跑，不想跑就不跑。不跑就要受到惩罚，就是不再买任何好吃的零食。她在零食的诱惑下，就把跑步坚持了下来。

有时候，只是不给她买好吃的，还不足以规范她的某些行为，需要想另外一些办法让她坚持下去。

自由与发展，是在自律的基础上生长起来的，如果没有自律，就只能让他律来代替。家长就是他律的掌舵人，家长不教育他，迟早社会会教训他的。为了孩子美好的未来，家长必须借助他律的力量，把孩子的行为规范做好。

第五章

习　惯

从习惯到命运

古时候，有个书生进京赶考，两次都名落孙山。第三次进京赶考时，住在一个曾住过的小客栈里。考试前两天的夜里，做了三个梦，第一个梦梦见他在城墙上种白菜；第二个梦梦见他大晴天打着一把伞；第三个梦梦见他和一个姑娘躺在一张床上，但他却背对着她。

梦醒了，书生对这个奇怪的梦实在不解，于是就找客栈外的算命先生解梦。算命先生听完他的叙述，叹了口气说："我看你还是回去吧，这回肯定考不上。"书生不明白。算命先生解释说："墙头种白菜，那不是白种吗？大晴天打伞，就是多此一举嘛；最后一个梦更能说明问题，你背对着姑娘，那就是说没戏!"书生一听,心想的确如此,于是惆怅地回到旅店,收拾行李准备结账离开。客栈掌柜看着到手的生意要黄,自然极力挽留。问他为什么要走,书生告知算命先生解梦的事。掌柜一听,赶紧说:"别听他胡说八道!我也学过解梦,我也会解梦啊。你这次一定要留下,我倒认为,从你的梦境看,这回考上是八九不离十了!不信我也给你解一解。"书生一听来了兴趣,心想反正已经没什么希望了,不如让掌柜解解看。掌柜说:"城墙上种白菜,不正是'高种'(高中状元)之意吗?大晴天打伞,不正是有备无患吗?背对着一个姑娘,不正说明你翻身的日子快到了吗!"书生一听大喜,仔细想想很有道理,于是,他满怀信心地参加考试,果然高中。

这是一个带有喜剧色彩的故事,但是它反映了我们对命运无常的感慨。面对命运,我们真的无法掌控吗?

当然不是,我们是可以掌控自己命运的。心理学家荣格曾说:"你的潜意识指引着你的人生,而你称其为命运。"那么潜意识是什么呢?它是一种自动化的反应,是条件反射。什么是自动化的反应与条件反射呢?说得通俗一点,就是习惯。所以习惯是连接命运的桥梁,改变习惯就能改变命运,控制习惯就能控制命运。

面对孩子,我们做家长的,最应该给予他们什么呢?

毫无疑问,应该是好习惯。

说到好习惯,你知道多少呢?有哪些好习惯应当给予他呢,你清楚吗?如果不清楚,我给你介绍几个:

第一,相信自我,格局要大;第二,讲究信用,表里如一;第三,谦虚低调做人,高调做事;第四,正直;第五,敢于承担责任;第六,经常自我反省;第七,学会赞美别人;第八,时常微笑;第九,注意穿衣、打扮好形象;第十,专注做事;第十一,读万卷书,广泛阅读;第十二,行万里路,每天运动;第十三,独立思考做自己、拒绝人云亦云;第十四,形成目标思维,凡事都有终点;第十五,节俭,物质丰裕时代它具有更大的意义;第十六,吃好饭、一日三餐营养搭配;第十七,刻意休息,不会休息的人就不会工作;第十八,与压力做朋友,积极解读压力。

十八个好习惯,是孩子走向成功途中的发动机,练就十八个好习惯,终身受益。

当你在教孩子养成这十八个好习惯时,你也会受益匪浅,育人育己,在孩子成长的过程中,你也在成长,这种成长可以让你的事业有成、生活幸福。

当你的孩子养成了这十八个好习惯,他就迎来了一个多彩的人生。他未来的成就,不可限量。他或将成为家庭的骄傲,家族的脊梁。

最终我们将回归到一个简单的认知,好习惯成就好人生。

21 天就能养成一个好习惯吗?

不知道从什么时候开始,社会上开始流行一种说法,叫"21 天养成一个好习惯"。这种说法听起来很吸引人,很是激动人心。

我开始学习家庭教育的时候，跟着国内著名的家庭教育专家学习了叠被子、刷池子、擦桌子、光盘子、复位子等家庭教育实操方法，学了之后很是兴奋。

回来后，我带领着同样兴奋的家长，在"21天养成一个好习惯"理念的指引下，满怀信心，开始了我们的训练之旅。

我们把所有家长组成一个群，每天在群里发孩子们的照片、打卡比赛。开始都是齐刷刷地发照片，有的还发视频。21天本来不长，可是一旦有了任务，就感觉挺长的，也就是三周的时间，感觉过了好长时间，终于练够21天了。

结果这个习惯练成了吗？哪有的事呀！21天之内，靠着家长不断的督促，甚至是威胁、利诱熬过去了。21天刚过，没有了约束，孩子们根本就想不起来做，更不用说成为自主的习惯了。

我们实践的结果是，所有的孩子经过21天的练习，没有一个人养成叠被子、刷池子、擦桌子、光盘子、复位子的好习惯。我很是郁闷，这是怎么回事，问题出在哪儿了？

于是我开始查阅资料。有一天，看到了一篇关于"21天养成一个好习惯"这个说法的来源。这个说法可能来源于美国一位整容医生在1960年写的一本书《心理控制术》，书中写道：通常情况下，截肢病人需要21天才能接受他们失去肢体的事实；而整容后的人，平均需要21天来习惯手术之后的新容貌。

第五章 习惯

这实际上是说，人们需要 21 天来适应生活中的重大变化，但是这跟养成一个习惯是两码事儿。

那么养成一个习惯到底需要多长时间呢？

带着这个问题，我又查阅了很多资料。终于，功夫不负有心人，又查到了一种新的说法。伦敦大学健康心理学家的研究结果发现：平均下来，实验对象需要 66 天才能养成新习惯，而且不同的人养成不同的习惯需要的时间是有差异的。

看到这个 66 天的结论，我又兴奋起来了，我以为找到了原因，觉得自己的孩子没有养成习惯是因为时间不够。正当我高兴的时候，接着看到的内容让我突然无所适从。

书中又写道：有的人 20 天就养成了一个习惯，有的人 40 天才养成一个习惯，有些习惯如运动，在 84 天后，依然没有人养成早上做 50 个仰卧起坐的习惯。

看到了吧，习惯养成的时间，从 20 天到 84 天，这么大的跨度，求了一个平均值，66 天，这个平均值有意义吗？

我坐下来，静静地思索，一个好习惯，到底需要多长时间才能养成呢？21 天？66 天？84 天？还是更长呢？我的思绪在慢慢地移动，我在想：习惯，就是一种自动化的反应，一种伴随人的一生的自动化反应。忽然，一个"一生"的概念闯入了我的大脑，再也挥之不去。是的，习惯的养成是一生的事情，它没有终点。

只要我们想让孩子养成一个什么样的习惯，就得对他说，这个动作是要伴随你一生的，你需要这么做，这么做可以帮助你长大成才。

刷牙每天都得刷,叠被子每天都得叠,刷池子、光盘子、擦桌子、复位子等,都是一生要做的,只有开始,没有结束。

关于习惯的培养,在时间的表述上,只有把它提高到一生的长度,孩子才能更好地去主动养成。当一开始孩子就意识到这是一生都要做的事情时,他根本不用几十天来训练,只要你教会他,他就可以去做了。21 天、66 天、84 天,这些时间界限是没有意义的。

习惯中的坚持

我上中学的时候,有一位生物老师给我印象特别深刻。春天,槐树上开满了槐花,他对我们说:这槐花呀,把它和面拌一块儿,蒸一蒸,特别好吃。他说的时候绘声绘色,说得我们口水就要流出来了。于是有个同学提议周末去摘一些槐花,按照老师的说法做一些,让同学和老师尝一尝。结果那个生物老师突然说:"你们吃吧,我不吃。"同学们都很惊奇,那么好吃的东西,他为什么不吃呢?老师好像知道同学们的心思,接着不紧不慢地说:"我小时候家里粮食少,吃的槐花儿太多了,现在一想心里都发潮,更别说吃了。我现在还是喜欢吃肉。"我们听了都哄堂大笑。

现在想起这件事我还是忍不住想笑,就好像一个笑话那样好笑。有个笑话说的是一个地主,说豆腐是他的命,但是见了肉就不要命了。

那个生物老师小时候天天吃槐花,但是却没有养成吃槐

第五章 习惯

花的习惯。现在让他吃也不吃了，不是说21天就可以养成一个习惯吗？为什么在这件事上失灵了呢？

原因是吃槐花这事儿，对老师来说没有什么意义，他想吃就吃，不想吃就不吃，对自己没什么影响。所以，他就养不成吃槐花的习惯。只有当一件事情对一个人变得有意义的时候，他才能有意识地去培养和坚持，最终成为习惯。

妈妈经常给我讲，她小时候，没什么吃的，人都饿得不行，吃糠、吃菜、吃树皮，后来米面多，一年还可以吃上一顿肉。再后来，肉就随便吃了。再后来，就是现在，妈妈开始不吃肉了。为什么呢？是肉不好吃吗？不是，是因为她有高血压、糖尿病，医生说吃肉对健康不好，需要少吃肉。妈妈掌握不好这个少的标准，干脆就不吃了，接受了素食主义的思想，她养成了吃素的习惯。

现在我和妈妈一块儿吃饭时，只要有肉，妈妈就会告诫我：少吃点肉，多吃点菜。只要一个人觉得一件事有意义，养成习惯那就是迟早的事。

让我们再来看看小孩子刷牙这件事。家长特别头疼，为什么让孩子打卡坚持了都好几个21天了，孩子还是没有养成睡前刷牙的好习惯呢？问题在于刷牙对孩子没意义，孩子没有动力去刷牙，动力为零甚至是负数。家长这时候要做的不是强迫孩子去刷牙，而是帮孩子寻找到刷牙的意义。家长可以找来一些关于刷牙的动画片、绘本，让孩子理解刷牙是健康宝宝的基础。要想口腔健康，就得保持刷牙。逐渐地，健康的意义会让孩子有动力保持刷牙这个习惯。

说到习惯的意义,就不能不说一说我的女儿,她四岁了,跟着我跑步已经一年多了。跑步是很辛苦的,刚开始,一个两岁的孩子去跑步,是不可想象的,但是我给她树立了一个英雄的形象,英雄都是要跑步的。于是,女儿为了当英雄,就天天去跑步。哪天我上班累不想跑了,她还会督促我:"爸爸,咱们去跑步吧。"一年多的坚持,这已经是不折不扣的习惯了。在跑步这个习惯中,女儿获得了快乐,获得了英雄般的体验。今天,我带着她,刚刚从一个游学活动中回来。在游学过程中,老师们早上组织学生在操场上跑步,她一个四岁的小女孩,夹在队伍中,跑得一点都不逊色,200米的跑道,整整跑了六圈;1200米,很多大孩子都落下了,她没有,她要维护她英雄的形象,坚持跑过了终点。

好习惯,一定要有意义,在意义牵引下,习惯的养成就是顺理成章的事了。当家长掌握了意义这个工具时,在孩子培养习惯的道路上,就掌握了开启成功的钥匙。

习惯中的强化

世界上有一条著名的狗,就是巴甫洛夫的那条狗。凡是上过中学的,都学过巴甫洛夫的条件反射原理,都知道那条流着口水的狗。每次,饲养员摇一下铃,就给狗喂一块儿肉,狗就会自然地去吃那块儿肉,它一吃肉,就会流口水。本来,铃声与狗的流口水之间没有任何联系,但是经过长时间的训练,狗就会在铃声和流口水之间建立联系。只要一听到铃声,

第五章 习惯

它就以为会有肉吃,大脑就会指挥口水系统分泌出口水来帮助消化。于是这样的链接就建立起来了。饲养员一摇铃,狗就流口水。这时候不用给狗吃肉,狗也会流口水。我们说铃声和流口水之间建立了一个条件反射。条件反射太学术,用口语化的语言表述,可以说,狗养成了一个新习惯,一听见铃声,就流口水。

课本上讲的到此就结束了,我们接着往下想一下,做一个思维实验。当狗养成听见铃声就流口水的习惯后,如果饲养员每次摇铃后不再给狗喂肉,什么也不给它,狗还会流口水吗?可以想象,开始狗还会流口水。多次受骗之后呢?它的口水慢慢就会变少,直到最后不再流口水。

我们可以认为,当狗不再流口水,狗的这个习惯就消失了。现在,我们总结一下。在狗形成和失去这个习惯的过程中,肉是一个关键性的因素。没有了肉,什么也没有了。那么这个肉叫什么呢?它有个专门的名字,叫强化因素。

习惯的养成,离不开强化因素,如果没有强化因素,习惯是很难形成的。

想想我们在训练孩子养成好习惯的过程中,有没有考虑过强化因素。而且参考肉对于狗,能够充当强化因素的一定是快乐的、愉悦的东西,这样它才能更好地发挥作用。那么,能够引起孩子快乐和愉悦的东西是什么呢?当然是奖励了,哪个孩子不喜欢奖励呢?

比如,我们想让孩子养成刷牙的好习惯,每次刷完牙后可以给他一些奖励,来强化孩子的行为。这时候,很多家长会站起来说，"奖励我们用过了，开始管用，后来就不管用了，孩子要的东西越来越多。开始要个糖果，后来就要玩具，再后来，要衣服、要钱了，奖不起了"。

那么问题出在哪儿呢？原因在于物质奖励起效快但持久性差，要解决这个问题，就要在奖励里面配合使用精神奖励。开始时，精神奖励配合物质奖励，慢慢地，物质奖励退出，精神奖励成为永恒。也就是说，每次给孩子一个小小的物质奖励时，都要赞美他几句，作为精神奖励。慢慢地，去掉物质，只留下赞美的语言，孩子的习惯也就养成了。

我带着两岁多的小女儿跑步，开始的时候她是反抗的时候多，顺从的时候少，怎么办？当然是用奖励来强化。她想买棒棒糖，想买气球，都可以，但是需要跑步后才可以。她为了棒棒糖和气球这些物质的东西，就去跑步了。跑完步后，当然要兑现承诺。在兑现的同时，我告诉她，希望她像个小英雄，用精神的东西来配合奖励。现在，女儿四岁多了，她跑步更多的动力是在维护她英雄的形象，当然，有时候她还会要好吃的、好玩的做交换。

合理的强化，是习惯养成与持续下去的催化剂和凝结剂，它促使习惯快速养成，并维持习惯持续下去。

习惯中的触发

有一次周末，弟弟带着他的小儿子过来玩，我女儿高兴极了，他们在院子里疯玩，把玩具摆了一院子。忽然，我在

第五章 习惯

屋里听见他们在外面哭闹的声音，我赶紧跑出去，看看是什么情况。原来我弟弟看天色不早了，想带侄子回家，小侄子因为玩得正欢，就哭着喊着不走，我的女儿也喊着不让他走。

看到这个情景，我就给小侄子求情，对我弟弟说："你看他们玩得多高兴呀，让他们再玩一会儿吧。"

我弟弟哭丧着脸说："不行啊，他今天还没有打卡呢，幼儿园里老师要求每天七点之前要拍一段阅读的视频，发到群里。他的书还在家呢，必须赶快回去读书拍视频。"

我说："晚点回去再拍不行吗？"

我弟弟说："不行，每天都是七点之前发，我们已经坚持80多天了，要让他养成阅读的好习惯，今天要是不按时发的话，就前功尽弃了。"

我听了之后感触颇深。都已经坚持80多天了，孩子还没有养成阅读的习惯，这是为什么呢？

我想这是家长对习惯的误解，是老师和家长不知道习惯的结构才导致这种费力不讨好的结果，家长和孩子费了很大的精力，最后还是没有养成想要的好习惯。

习惯的结构是什么？习惯是一个自动化的过程，任何自动化的行为过程，都是和一定的情境相联系的，都是在一定的条件下的自动化。这个结构是"只要——就——"，只要出现什么情况，就进行什么行为。

如果没有了情境与条件，习惯所代表的行为，就没有了开关，就不知道如何开启，就成了无头苍蝇，不知道如何飞行。

老师想让孩子养成阅读的好习惯，那么，孩子在什么条件下阅读呢？老师和家长都没有概念，只是想让孩子阅读，这就让孩子无所适从了。这也是为什么小侄子都读了80多天了，还是没有养成阅读的习惯。

正确的做法是什么？就是加上一个条件或情境，告诉孩子，放学后，回到家一放下书包，就阅读一篇小故事，然后再去玩。把回到家当作一个情境和条件；或者也可以把其他情境当条件，比如吃饭，吃完饭就读一篇小故事。这样回家和吃饭就是阅读的条件，当这个条件出现时，孩子自动化地想起阅读这件事。

还有一个问题，把时间当作条件可以吗？不可以。孩子没有时间概念，时间不能当作习惯的开关。不但小孩子没有时间概念，就是大人对时间的把握也是很难的。

我培养小女儿锻炼的习惯，是把晚饭当作条件和开关的。开始时，每天晚上吃完饭，都会告诉她，吃完饭，我们要去跑步。时间一长，只要一吃完晚饭，就要去跑步，这样的条件结构就形成了。吃完晚饭，是跑步锻炼的开关。现在，已经不用我说了，只要一吃完晚饭，女儿就会嚷着该去跑步了。

有了条件结构的概念后，我在带领家长练习"五子登科"的时候，都加上了条件——叠被子变成起床叠被子，刷池子变成刷牙之后刷池子，光盘子变成吃饭光盘子，擦桌子变成吃完擦桌子，复位子变成起身复位子。有了这些条件作为习惯的开关，习惯养成就变得容易多了。不但在家里吃完饭起身复位子，有一次，在饭店吃饭，吃完后一起身，我便想到了复位子。

习惯的本质是自动化,是自动化的条件反射。平常,我们只关注了自动化,没有关注条件反射中的条件,无怪乎习惯的养成这么难。没有条件,就无法触发、无法启动我们期望的习惯。

习惯中的父母作用

前一段时间,有位妈妈找到我,说她的儿子整天窝在家里玩手机,也不去上学。问我怎么办。

我说:"先让他走出房间,开始运动,让孩子养成运动的习惯,在运动中获得肌肉的力量与精神的力量。"

那位妈妈又问我:"那孩子如果不去运动怎么办?"

我就教她,运动这件事,要在一次很正式的家庭会议上提出。首先,会上要通过运动这件事;其次,还要通过对运动这件事的落实情况的奖罚制度。如果运动执行得好,要有什么样的奖励,如果运动落实得不好,就要执行什么样的惩罚。

妈妈又问:"奖什么?罚什么呢?"

我回答道:"奖励嘛,很多,吃的、穿的、玩的、钱,只要是孩子喜欢的,都可以;至于罚,也有很多形式,关键是惩罚要让孩子感觉到,这样才有效果。"

妈妈听完后,满意地走了。

过了两天,我忽然又想起了这件事,想看看现在孩子的情况,于是我拨通了那位妈妈的电话。

妈妈给我反馈，开家庭会议的时候，孩子很认真，认为需要，而且他能够做到每天出去跑步，并且接受了违者挨打的惩罚约定。挨了打之后，还要再去跑，挨打不能代替跑步。第一天，如约，妈妈和孩子一块儿出去跑步了。跑步当然是比较累了，结果，第二天，孩子就不去了。妈妈怎么叫他、拖他，都不管用。最后的实践结果是，孩子只跑了一天，从第二天开始，就不跑了。

我很奇怪，问妈妈："不去跑步，不是约定好要惩罚他吗？惩罚也不去吗？"

听了我的质问，妈妈迟疑了一下，说："啊，我也打他了，但他就是不去，我也没办法。"

听到妈妈的这个语气，我明白了，妈妈舍不得打孩子。所以，在这个事上，就只有奖，没有罚了。孩子当然就为所欲为了。

我是信奉小树不剪长不直的。没有规矩不成方圆，不学礼，无以立。养成一个好习惯，必须要有约束。当小孩子不遵守规矩时，需要有一些形式来强制孩子遵守，如果妈妈管不了，那就需要爸爸出手了。

爸爸是堵墙，妈妈是颗糖。当孩子在新的习惯养成的过程中，偷懒、耍滑，爸爸要像一堵墙一样，横在孩子的面前，那是铜墙铁壁，任凭孩子七十二般变化，也不能让他越过，坚决地把孩子堵在这里；同时，在相反的方向上，妈妈拿着糖，在不断地吸引孩子回来。爸爸和妈妈，一个堵，一个疏，就像大禹治水一样，把那桀骜不驯的洪水驯服，让它乖乖地顺着固定的河道流淌。这个堵和疏的过程，可以由父母协同完成，也可以由父母一方单独完成。总而言之，在孩子习惯的培养过程中，堵与疏是父母的责任，同时并重。

那位妈妈听了我的进一步说明后，恍然大悟："啊，我对孩子下不了手，我要让他爸爸参与进来，我负责奖励，让他爸爸负责惩罚。"我听了，微微一笑，点点头。

又过了几天，我回访，情况好多了，孩子基本上能每天晚上出来跑步。

在孩子新习惯的养成中，父母需要既合作又分工，共同帮助孩子完成习惯的更换。在这个过程中，父母是督战队，不允许孩子后退一步；父母还是引领者，引领孩子走向大道。

第六章

实 践

家庭教育教材之一：吃

家长在家庭教育中最容易犯的错误是不知道自己该在家庭和生活中教孩子什么，育孩子什么，于是跟在学校老师的屁股后面，天天问孩子的作业，紧紧地盯着孩子的成绩，这是典型的种了别人的田，荒了自己的地。从本节开始，我将告诉你，家长的"地"是什么。

家长的第一块"地"是吃。家长自己要会吃，还要教会孩子吃。家长自己会做吃的，还要教会孩子也会做吃的。一家人都会吃，但不是吃货。前几日我带队做了一次研学游，队里好几个小吃货，都是小胖子，那真是不得了，走几步，就气喘吁吁，像这样的能吃体质，怎么可能孕育出健康的精

第六章 实践

神世界呢？

作为家长，你的第一要务，就是要教会孩子知道吃什么，怎么吃。现在是物质极大丰富时代，吃要吃得健康。首先，要了解人体对各种营养成分的需要量，以及营养成分之间的比例关系。其次，要了解各种日常食物的营养成分，从而大致知道各种食物以怎样的配比来吃，才合理，才健康。还要知道总量吃多少才科学。

早吃好，午吃饱，晚吃少。

食物多样化，以谷类为主；因为没有一样食物可以提供人体所需要的所有营养素，我们需要多样化的食物。结合我国的实际情况，以谷类为主，还要注意粗细粮的结合。

多吃蔬菜、水果和薯类；提供丰富的维生素、矿物质、膳食纤维和其他活性物质。

常吃奶类、豆类及其制品；经常吃适量的鱼、禽、蛋和瘦肉；它们的组合，为我们提供优质的蛋白质。

清淡少盐的饮食，每天食盐不超过 6 克，防止高血压的风险。

饮酒要限量，饮酒过量可以导致多种疾病，一定要限量少喝，当然小孩子不喝。他有了这个观念后，长大后就会克制自己少喝酒。

进食量与体力活动要平衡，不能太胖，也不能太瘦，以吃饭和运动作为调节变量，保持健康的体重。

吃清洁卫生、不变质的食物，遇到变质、不洁的食物，要舍得丢弃。

关于吃，我们中华民族有着世界上最美的美味，一不留神，就会在吃的海洋中迷失自我，失去健康。

作为家长，要以身作则，学会吃，真正地吃好，吃出健康，那就减少去医院的次数了，就会节约不少家庭医疗费用。

作为家长，在践行科学饮食的过程中，需要一定的意志力，在锻炼自己的同时，也会锻炼孩子。培养孩子的意志力，可以从吃开始。

作为家长，在家庭教育中，不但要让孩子知道吃的科学，还要让孩子自己做吃的，在做各种美食的过程中，孩子身心高度统一、身心合一、专注做事，这是训练专注力的最好方式。

总之，吃好，就是好的家庭教育的一部分。

家庭教育教材之二：穿衣打扮

从小到大，关于穿衣打扮，我受到的教育是：人不可貌相，海水不可斗量，不能以貌取人。我特别崇拜有知识的人，当我看到爱因斯坦那一头乱发时，我就喜欢上了不修边幅。有时为了让自己显得有知识，也故意穿着邋遢。

后来参加工作了，当了老师，走上了讲台，单位领导要求所有的老师都要注意自己的仪表，搞得我非常不适应。虽然我嘴上不反对，但内心不赞成，认为领导破坏了我的知识分子形象。

直到有一天，社会上广泛流行着一句话："喜欢一个人，始于颜值,陷于才华,忠于人品,安于陪伴!"关于穿衣打扮,这才动摇了我原来的观念,我开始注意和研究穿衣打扮对人的影响。这一研究不得了,穿衣打扮对一个人的成功太重要了。

心理学家做过一个试验,让受试者来看一个陌生人的外表,然后评价这个人是聪明还是愚蠢,是有趣还是无聊,等等。受试者通常会认为那些长得好看的人,有更好的内在品质,比如聪明、有趣、有雄心壮志。而且受试者还会认为,好看的人在事业上是更成功的。

测试完之后,心理学家进一步核实,让人相当惊讶。这些好看的人的内在品质,确实更好。他们真的是更加聪明,更加有趣,更加有雄心壮志和更加成功。

为什么会有这样的结果呢?仔细想想,也就明白了,那些好看的人,他们经常是众人关注的焦点。学生时老师会关注你,工作时老板会关注你,他们有更多的学习练习机会,更多的社会实践机会,从而也就真的成功了。

所以,美即是成功还真有科学上的证据。

美、好看,是怎么来的呢?老祖宗的俗语早就给出了答案:"三分长相七分打扮,人靠衣裳马靠鞍。"知道了吧,美与好看是后天为主,穿衣打扮就是这个问题的正解。

理解了好看对于成功的意义,家长的第二本教材就出现了,那就是教孩子穿衣打扮。

穿衣打扮需要很多钱吗?不需要,不但不需要很多钱,反而很省钱。对于成长期的孩子,要求干净整洁。一般学校都有校服，不用再准备过多衣物。

穿衣打扮有一个重要作用，那就是培养孩子自尊，对抗贫穷。

有一句流行的网络语言，说："贫穷限制我们的想象。"大量的心理学研究表明，贫穷是压力产生的主要源头，比如经济压力、学习压力、交往压力、世俗观念的压力，而这些压力会导致焦虑心理、自卑心理、闭锁心理、抑郁心理甚至负疚心理。所以，来自贫穷家庭的孩子学习更差，成年后工资更低，也就形成了贫穷的恶性循环，最后导致阶层固化。

如何打破阶层的固化，让孩子学得更好一点，长大后挣的薪水更高一些？父母是穷，但能让孩子富一点，怎样实现阶层的跃迁呢？有一个办法，就是自尊。

靠着自尊，穷人家的孩子可以忽略不利的环境对自己的影响，学习更好一点，毕业后挣的工资更高一点。

自尊就是自己尊敬自己，它最初是从哪里走进孩子内心的呢？

有一个途径就是穿衣打扮。

每天孩子把衣服穿得干干净净，整整洁洁，站在镜子面前一照，自信心爆棚，这就是一个自己尊重自己的过程。

每个家长，都需要在家里放一面穿衣镜，让孩子除了照脸之外，还可以照一下全身。

培养优秀的孩子，从穿衣服开始。让孩子自己选衣服，自己洗衣服，自己计划明天穿什么衣服。

整个穿衣打扮的过程，就是一个自我教育的过程，自我发展的过程，这个过程每天进行，孩子每天都对自己的自信、自尊进行一次强化，孩子不优秀都难。

如果你是一个家长，你剥夺了孩子穿衣服的自由，你就剥夺了孩子成长的权利。

家庭教育教材之三：房间整理

初入家庭教育行业的时候，我带领着一批家长践行叠被子、刷池子等规定动作。开始大家都做得还不错，过了一段时间后，有人就放弃了。作为老师，我当然要督促他们。

我的批评一般比较委婉，他们会客气地对我说："老师，不好意思，今天我忘了，明天一定叠被子。"

有一次说得狠了，有位家长终于憋不住了，直楞楞地问我："一直叠被子有啥用呀，平时又没人来家里，不需要叠呀，每天都叠，真是浪费时间。"

他这么一问，还真把我问蒙了。是啊，我们为什么要叠被子？我们需要为这个行为找个理由。现在的家长，素质都很高，没有理由就没有动力，没有动力就不会长久坚持。

这个问题，直到最近我才有了一个较满意的答案。自己房间，虽然没有外人来，但是作为环境，作为一个人最重要、可能待的时间最长的一个环境，它对一个人意识能量的影响是很大的。根据美国心理学家大卫·霍金斯的理论，如果环境井然有序，它就会给人以美感、愉悦感，甚至怦然心动的感觉，它会给人的意识带来正能量；如果环境杂乱无章，它给人以丑感、厌烦感，甚至压迫的感觉，那它就会给人的意识带来负能量。

长期处在正能量的环境中，一个人就会充满活力，阳光四射；长期处在负能量的环境中，一个人就会变得慵懒，萎靡不振。

所以，早上叠被子，整理床铺，不是为了满足别人，而是为了愉悦自己，让自己的心情愉悦，给自己的意识注入能量，让自己成为一个充满活力的人。

拥有一个活力人生，不但要叠被子整理床铺，还要把自己的房间进行彻底的整理，让包裹着自己的整个空间都散发出积极的正能量。

如何整理出一个好的空间呢？

第一步是丢弃。不管是谁，整理都必须从丢弃开始，丢弃的原则以"是否有愉悦的感觉"为标准，没有这种感觉的立刻丢弃。这个原则是突破性的，我们最常用的原则是实用性，我们会问这个东西还有用没有，如果觉得有用，就不会丢弃，这样的结果是什么呢？这也不舍得扔，那也不舍得扔，总觉得它们在某个时间会有用。长年累月下来，整个屋子就像博物馆。博物馆是客气的说法，不客气的说那就是废品站。很多老人的房间，堆得满满一屋子东西，来个人进去都没地方坐。

特别是整理衣服时，我们发现这种现象更严重，现在很少有能把一件衣服穿破的情况，一般衣服都是好好的，就是过时了，扔还是不扔？这时候，那个心动的愉悦感的原则，就派上用场了。如果你一眼看上去这件衣服很好看，让你心动，你还愿意再一次穿它，那就留下来。如果没有这种感觉，直接处理了就可以了。如果衣服质量不错，可以把衣服放入捐衣柜内。

通过一系列丢弃，腾出了空间，我们就该进入整理房间的第二步了，为每件物品固定一个位置，一个不落地为每个物品设定固定位置。只有这样才有可能结束房间物品的散乱状态。许多人虽然进行了反复整理，还是会出现反弹，其根本原因就在于没有明确地设定物品的固定位置。

每件物品都有了自己的位置后，就进入了第三步，日常整理。所谓日常整理，就是复位，我们用了那件物品，用过之后，都有序地放回原处，家里就能长期保持整理后的整洁状态。

在家庭教育中，按照上述原则，父母整理父母的房间，孩子整理孩子的房间，对于每一样自己所拥有的东西，都能毫不犹豫地觉得"我很喜欢"，并且在它们的环绕下生活，不断地为自己注入能量，这就是人生最大的幸福。

家庭教育教材之四：运动

生命在于运动，运动能够强身健体。在机械化、信息化、人工智能化的背景下，人类社会普遍脱离了体力劳动，生存状态好像突然之间与历史上的任何时代都不一样了。人类再也不用为吃穿住行等必要的生存条件而从事繁重的体力劳动。

然而人类的身体是从千万年进化过来的,身体已经适应了体力劳动,面对没有体力劳动的环境,身体不知道该怎么适应,于是就出现了无数的小胖子、大胖子、糖尿病、高血压。

在新的社会环境下,如何打破这种困局呢?只有运动,让运动代替以前劳动的职能,消耗能量,强健身体。用坚持运动来减肥,克服糖尿病、高血压的侵扰。

这些运动的好处,是我们大家都能想到的,也是一般的认识。作为家长,让孩子养成运动的习惯,让自己与孩子一起运动,能够有效地增强体质,特别是全家一起运动,还可以增加全家的幸福指数。

运动,除了这些一眼就能看到的好处之外,还有其他的好处没有?答案是肯定的。

我有个群友,也是一位家庭教育的老师,他在群里分享了一个13岁学生的故事。

学生说:"老师,我觉得人生没有意思,更没有意义。"

老师对他说:"你觉得你爸爸的生活有意思吗?"

他说:"没有。"

"妈妈呢?"

"也没有。"

这位群友的分享很快引起了大家热烈的讨论,这种情况在目前的青少年中太多了。

有位群友说:"生活没有目标的人,才觉得生活没意思!"

又有一位群友接着说:"生活没有目标的人的目标就是

第六章 实践

先寻找目标。"

可是如何让孩子寻找目标呢？这时候群主发言了："先饿他几天、冻他几天"，"看看有没有能产生什么目标"。说到这里，大家讨论更热烈了，大家一致同意，现在的孩子缺乏吃苦训练。过去条件差，吃苦这件事不用专门训练，现在我们的生存目标实现了，衣食无忧了，但是却把生活的意义丢失了。

吃苦训练，怎么训练呢？真的用饿孩子、冻孩子的方法吗？不用。运动可以很好地解决这个问题，运动可以让孩子有吃苦的体验。

在所有运动中，我首选跑步。首先，跑步特别简单，不用任何器械、不用任何场地，只要你想跑，任何时候都可以跑步。富人能跑、穷人也能跑，在跑步面前，人人平等。其次，我之所以推荐跑步，是因为它有另一个好处——累。只要跑步，一开始跑步，很快就会感觉到累，这时候，只要坚持过去，很快就能感觉好多了。累是一种什么感觉呢？我们可以看作一种苦，这就是一种吃苦的训练。每次跑步，都会感觉到累与苦，而每次跑步，又都能克服累与苦，这就是一次毅力与意志力的锻炼，一次成功地克服困难的体验。这种克服困难的体验，对于人生来说，有着重大的意义，它能够很好地培养孩子百折不挠的精神。最后，跑步过后，出一身汗，十分舒坦。这是一种愉悦。通过跑步，既体验到了累与苦，又体验到了克服困难的过程，最终又体验到了胜利的喜悦与快乐。

跑步，这是一个完美的过程。我有几个学生，也是能量十分低下，不愿意上学，消极厌世。怎么办呢？跑步，跑步，还是跑步。不但让孩子跑步，我还让家长与孩子一起跑步。

在跑步中获得强健的身体，在强健的身体中孕育强健的精神。

运动，在物质极大丰富的现代社会，有着重要的意义，它让孩子的生活体验丰富多彩，它让孩子对生活充满激情。通过家庭教育中的运动，让你的孩子热爱运动、热爱生活、热爱生命。

家庭教育教材之五：钱

很长时间，我一直处于贫穷状态，钱对于我来说，是一种稀缺资源。当我第一次听说"财富自由"这个词的时候，我惊呆了，我不知道世界上还有这一种状态，想怎么花钱就怎么花钱，那真是太让人心醉了，那不是人间天堂吗？

有了财富自由的概念之后，我开始有了新的追求，我希望通过自己的努力，也能走入自由的世界。但是道路很曲折，怎么也挣不到钱。

为了挣钱，我看了很多书，希望从书中能找到黄金屋。突然有一天，一本书让我开了窍，书中说：一个人贫穷，没有钱，根源在于他不想挣钱，他的骨子里排斥金钱。

猛一看，觉得匪夷所思，难道我挣不到钱是我讨厌钱吗？这怎么可能呢？我很喜欢钱呀！书中的这个观点太有冲击力

第六章 实践

了,我按捺不住照着书中所讲的对照了一下自己,一对照,果然发现了新大陆。原来,我的潜意识里真的是排斥金钱的。我从小受的教育就是"视金钱如粪土",钱是带着"铜臭"的。所以我从骨子里是排斥金钱的。

我好像突然明白了一点道理,我的贫穷是小时候妈妈教的。家庭的影响实在是太深远了。

我们当家长的,都希望自己的孩子未来成功,成功是什么?可能有很多指标,但是金钱是一个绕不过去的槛。要想让孩子未来有钱,从小让孩子对金钱有个正确的认识,至关重要。

很多家长反对和孩子谈钱,认为用钱做奖励,会让孩子唯利是图。实际上,钱是一种资源。可以告诉孩子通过合理途径挣到钱也是能力的体现。

让孩子了解钱,学习如何使用钱,就是教他学会盘点自己的资源,估量自己的渴望,设定自己的目标。知道自己想要什么,有多想要,才会让他更积极地去努力争取。

关于钱,有三个问题:一是钱从哪里来,二是如何花钱,三是如何用钱来衡量一切。

第一个问题,过年的时候,孩子都会有一笔不菲的压岁钱;另外孩子如果对家庭做出额外的贡献,也可以获得金钱奖励,比如做了超出预期的家务劳动。

这样,孩子就存一些钱,家长可以帮助孩子把这些钱存起来。

第二个问题,钱怎么花?花钱的原则是劳动所得的钱可以自由支配，不劳而获的钱如压岁钱，使用时需要经妈妈或爸爸批准。在孩子自己花钱买有意义的东西时，比如买书，家长还可以赞助，帮助孩子支付一部分钱，以示鼓励或奖励。

第三个问题，如何用钱来衡量一切。那就是让孩子说说每件东西到底值多少钱。没有钱的时候，孩子们看事情往往只有是非、好坏两种，现在有钱了，就可以衡量复杂的东西了，其中包括人的欲望。孩子知道自己愿意花多少钱满足欲望，就能清楚自己对一件事情有多么渴望。

认识钱，理解钱，让孩子从小就懂得正当使用钱。

家庭教育教材之六：圈子

前几天，我的一位朋友带着他的朋友找到我，忧心忡忡地说，孩子逃课、抽烟被学校停课了，看看有什么办法能把孩子再拉回正道。

一开学，这个孩子就因为打群架，被学校记过处分，记过后不久又被发现在一个角落里抽烟，发现后又逃跑，于是学校给家长发出信息，暂时停课。孩子停课期间，也是每日不在家，经常找不到他去哪儿了。

听了孩子父亲的介绍，我提出来让我见见孩子。一见面，我问他："你在班里学习能排到第几名？"

他说："全班55个人，我排在前20名。"

他所在的这个学校，还是个很好的学校，而他的名次属于好学生的名次。我听了以后大吃一惊，因为根据他爸爸的描述，他在我的心里是一个坏孩子的印象，感觉一定是班里倒数第几名，学习不好，上课听不懂，没意思，所以逃课。

我不敢相信孩子的一面之词，又把他爸爸叫过来，问孩子的学习情况。果然如孩子所说，暑假前的期末考试，成绩很好，排班里第19名。

暑假的时候，他去打篮球，认识了一个退学的孩子，之后，又通过这个孩子认识了七八个孩子，他们成了好朋友，经常在一起打群架。跟他们在一起，他学会了抽烟、喝酒、上网等恶习。

近朱者赤，近墨者黑。以前只是理性地知道，现在一个活生生的孩子站在我的面前，一个被坏孩子带坏的孩子，我忍不住一阵战栗。一个孩子的变坏，竟然这么简单，在他的朋友面前，家庭教育、父母的力量竟然这么脆弱。

在生活中，好父母能培养出好孩子，糟糕的父母可能会教育出糟糕的孩子，这种情况非常普遍，但父母的影响，一旦遭遇孩子朋友圈的影响，就立刻崩溃了。

这就给我们的家庭教育提出了一个严重的话题，家庭教育要把圈子教育作为重要的内容，让孩子交到好朋友，远离坏群体。家长能做的事情，而且必须做的事情，就是给孩子选择好的同伴，并教给孩子如何与同伴相处。

在孩子的童年期，父母是有能力帮助孩子选择同伴的。父母要帮助孩子找到适合他们成长的环境，找到能和孩子一样玩的小伙伴们。而且这项工作必须要趁早，因为你对孩子的影响会随着他们的年龄增长而缩小。对于小孩子，父母能够控制他们交什么样的朋友,但是,等他们到了十几岁,进入青春期之后,你就不可能再控制孩子了。

从上面的例子可以看出,这个孩子平时没有什么朋友,所以当有人主动和他交朋友的时候,他很欣喜,不辨好坏,交上了不应该交的人。如果孩子本来就有很多好朋友,有自己的圈子,有自己的圈子文化,再交朋友,就会出现物以类聚、人以群分的效应,他就不会轻易交上坏孩子。

交朋友、定圈子,这件事大约在十岁之前帮孩子完成。帮孩子选择朋友,帮孩子与朋友正确地交流。确立在同伴群体中的位置。

小孩子一般比较自恋,最大的交往问题是不会从对方的角度看问题,家长在进行同伴教育的时候,需要重点培养孩子体验、同情他人情绪的能力。有了同情心,孩子在群体中就会成为一个受到小朋友欢迎的人。孩子的自尊、自信、自立,在群体中就可以健康发展。

家庭教育教材之七:聊天

美国麻省理工大学曾经做过一个研究,结论是"孩子更聪明,不是靠阅读,而是靠聊天"。1995年,人类学家贝蒂和托德开始了费时2年半的研究,跟踪调查了42个家庭,最后得出结论:出生在贫困家庭的孩子,到四岁时,与出生在较富裕家庭的孩子相比,会少听到3000万个英语单词。这就是著名的3000万个单词差距的调查。

第六章　实践

　　这 3000 万个单词差距，会导致什么后果呢？后续的跟踪回访显示：词汇量大的孩子学习成绩更好。

　　我们天天说不要让孩子输在起跑线上，但真正的起跑线是什么呢？原来就是简单的聊天呀。有些家长习惯于简单粗暴地命令、指挥孩子，这样的交谈方式，孩子获得的词汇量肯定是不足的。只有在平等的氛围中，孩子敢于说话，家长与孩子反复互动，才会在孩子的大脑中形成大量的词汇。

　　孩子与父母交谈的频率越高，他们大脑中语言相关区域的活动就越强。无论家庭收入多少，父母教育程度如何，都能证明这一点。

　　聊天，是比任何一种早教班都有效的教育方法。我小的时候，曾看到过一句名言，大致意思是，世间最美好的东西，莫过于几个有头脑的朋友在一起聊天。当时我还挺奇怪，怎么聊天这么平常的事，成了最美好的事。

　　后来，我确实体验过几次与一两好友神聊的美妙感觉。但那时，我还把聊天当作一种浪费时间的娱乐。没想到，聊天还具有强大的教育功能。

　　可惜的是，我们很多家长，面对孩子时很少说话。全家人好不容易在一起吃个饭，孩子忍不住说一句话，还会引来妈妈或爸爸一顿批评：别说话，专心吃饭。

　　为什么会这样呢？因为我们的传统文化教育我们要"食不言、寝不语"。对此我很是纠结，后来我认真查了一下资料，觉得食不言不是指的吃饭的时候不要说话，而是说嘴里有东西的时候不要说话。

根据我的经验，什么时候才能和孩子说话聊天呢？恰恰是吃饭和睡觉这两个时间段，是亲子最好的交流聊天的时间。我女儿很小的时候，我就用聊天代替了讲故事。在聊天中，有互动，有问答，有思考，孩子成长得更快。

有的家长也想和孩子聊天，可总出现话不投机半句多，再多说半句就是吵的现象。这怎么办呢？到底应该与孩子聊些什么呢？怎么聊呢？

我这里有六个话题，可以作为聊天时的参考。面对孩子，一是今天你有什么高兴的事；二是今天你有什么令你生气的事；三是你最渴望的事是什么；四是你最讨厌的事是什么；五是你希望父母为你做什么事；六是你希望为父母家庭做什么事。

这六个问题，前两个是面向过去的，中间两个是面向未来的，最后两个是面向现在的。

一次聊天，不一定聊完这六个话题，家长可以根据情境，选择其中一个话题与孩子聊天。如果聊的是情绪，无论孩子说什么，家长都要与之共情，理解并同情孩子；如果聊的是干什么事，可以双方承诺，做到了有什么奖励，做不到如何惩罚。

经常不断的内容丰富的聊天，能让孩子心理健康，头脑聪明，成功启动人生。

亲子聊天，在教育史上从来没有像现在一样被赋予如此高的地位。聊天，是如此简单，是如此经济，它简直可以当作我们贫穷家庭在下一代实现阶层跃变的法宝。